生きていく
チカラを
取り戻そう

「生きづらさ」から解放される入り口を見つける

笠置佳央 著

セルバ出版

はじめに

私は心理職として、企業や官公庁・自治体で働いている人たちの心の悩みを聴いてきました。また、カウンセラー経験を活かしたプロボノ活動として、国内外の自然災害や紛争地域における、被災者に対するメンタルケアにも従事してきました。

心理職といっても、活動領域によって、名称と役割が違います。学校園で児童・生徒やその保護者を対象とするスクールカウンセラー、医療の領域で、患者様を対象とする病院内の心理士など、現在ではさまざまな場でカウンセラーが活躍しています。

私自身は、産業領域で働く成人を対象とするＥＡＰカウンセラーとして活動をしています。近年、みなさんの職場でも外部相談窓口の案内を見たことはないでしょうか。その外部相談窓口で、カウンセリングを行っています。

従業員の方々の、職場での仕事のやりにくさや対人関係の悩み、モチベーションの低下、会社をやめてしまいたいといった気持ち、あるいはプライベートの悩み、そしてそれらに伴う体調不調、メンタル疾患など、多岐にわたるテーマに対応してきました。これまで15年のカウンセラー経験を通じて相談対応をした方は、約1万回、４０００人に上ります。

心に悩みを抱えている人は、本来持っていたはずの〝生きていくチカラ〟が失われている、あるいは弱まってしまっている人たちです。

もともとは生きるチカラにあふれていたのに、何かの要因でそのチカラを失ってしまった。しかし、実は失ってしまったと思い込んでいるだけです。その人のチカラは失われても盗まれてもいない。ただ心の奥のほうに迷い込んでしまって見えない・取り出せない・使えないだけなのです。そのことに気づいてもらい、幸せのサイクルへの復帰を手助けするのが私の仕事です。

今、何か行きづまっている、生きづらさを感じている、自分の人生をコントロールできている感じがしない、むしろコントロールされている気がするという人たちに、自分で自分の人生をコントロールしていく、自分のチカラで生きていくようになってほしくて本書を書きました。

精神論・根性論ではなく、具体的な解決の方法を書いてみました。

誰かを頼るなということではありません。つらいときは頼ってもいいのです。でも、頼るか頼らないか、頼るなら誰を頼るかも自分の意思で選択できるようになってほしいのです。

あなたの人生はあなたのものです。ストレスに振り回されるのではなく、むしろストレスを自分でコントロールして、あなたが輝く人生を歩んでいきましょう。

笠置佳央

2024年8月

注：本書では、生きるチカラを取り戻すために生きづらさについて考え、生きづらさに関係するトラウマを扱います。広く全般的でのトラウマ中心ですが、一部狭い意味（医療的支援が必要など）での事例もあり、個人により受け取り方が異なりますので、読み進めるうちに動揺がありましたら、無理をせず、必要ならば、医療、メンタルヘルスの専門家にご相談ください。

生きていくチカラを取り戻そう 「生きづらさ」から解放される入り口を見つける 目次

第3章　「生きづらさ」から解放される入り口を見つける　～ＴＦＴ療法

第4章　「生きづらさ」から解放される入り口を見つける　～最新トラウマケア

第5章　日常的なセルフケアの習慣

第6章　カウンセリングのすすめ

第7章　生きづらさと向き合う

プロローグ

カウンセラーになったわけ

私がカウンセラーの仕事を始めたのは、かつて私が会社員だった頃の上司の自殺未遂がきっかけです。いっしょに営業に出ていたときに、突然彼が電車のホームから線路に飛び込もうとしたのです。私は夢中で上司に飛びかかり、2人でホームに倒れ込みました。その直後に電車が滑り込んできました。

まさに間一髪です。

上司はその後、会社に来られなくなりしばらく休職していましたが、1年半経っても復職することができず、結局会社を去ることになりました。

なぜ彼はやめなければならなかったのか

当時の私は労働法規も就業規則のことも何も知らなかったので、心を病んだ上司の首を切った会社はひどいと思いました。そもそも上司をそこまで追い詰めた会社もよくないと思っていました。

上司は月に数回しか家に帰れないほど長時間労働をしていました。会社にこき使われるだけ使われて捨てられたのだと思いました。

実際は、「会社で働く」とは、労働者が労働力を会社に提供し、会社はそれに対して対価を払うという労働契約に基づいた等価交換であり、労働者が労働力を提供できなくなった時点で法的には労働契約は終了するのです。

ですからその会社は、労働力が提供できなくなった上司をすぐに首にするのではなく、1年半も休職という猶予期間を設け（法律では会社は労働者に対して休職を与えるといった法的義務はありません）、その後も回復の見込みがなかったため労働契約の解消をせざるをえなかったわけで、決して「理不尽なひどい会社」ではなかったのです（もちろん、上司に長時間労働をさせていたことは責められるべきですが）。

ともあれ、私は上司の自殺未遂をきっかけに、長く安心して働ける環境づくりに関心が高まり、人事職や労働法、就業規則にも興味を持ち、やがてそこで働く人たちの心のケアに興味を持つようになりました。カウンセラーの資格を取得し、社内カウンセラーとして、社員のカウンセリングもするようになりました。

増え続けるメンタル不調者

そうこうするうちに、世の中では働く人たちのメンタル不調が増え、２０１５年に国は従業員50人以上の会社にストレスチェックを義務づけるようになりました。

私は、「これからは大量にメンタルヘルスに悩む人が増えるだろう。できるなら、仕事のストレスで自死する人が出ないようにしたい。みんなが自分の人生を好きに生きられる世の中にしたい」と思いました。

そして、「悩める人を助けたい」という一心で会社をやめて、働く人たちを対象としたカウンセラーとして独立することを決意したのです。

ただし、これを書きながら私は自分を恥じ、赤面しています。

なぜなら、カウンセラーは「人を助ける」ことはできないからです。「助ける」なんて思い上がりもはなはだしい。「悩める人を助けたい」など、カウンセラーは言いません。しかし、当時の私の気持ちとしてはそれが本心でしたので、恥を忍んで書きました。若気の至りだと思ってどうか見過ごしてください。

悩める人を助けるのはカウンセラーではない

カウンセラーは（直接的に）人を助けることはできません。カウンセラーができるのは、傷ついている人、悩んでいる人に寄り添い、その人の〝悩みのもと〟を見つけるお手伝いをすること。その人が〝悩みのもと〟に対峙し自分で対処していくまでを見守りいっしょに伴走することだけです。

カウンセラーが助けるのではなく、その人が自分で解決策を見つけ、自ら回復していくのです。どんなにつらい経験をし打ちひしがれていても、もう二度と立ち直れないのではと思うほど気力を失っていても、少しずつ少しずつ変化が訪れ、何かをきっかけに見違えるように立ち直っていく。

私はそういう場面をたくさん見てきました

冒頭でも述べたとおり、人には本来〝生きていくチカラ〟があるのです。あなたにもそのチカラがあります。本書を読んで、あなたにもぜひ本来のチカラを取り戻してほしいと思います。

第1章　心のお手入れをしよう

この章では、ストレスとは何か、ストレスが続くと何が起こるのかを知り、ストレスケアの重要性を理解していただきます。

1　メンタルメンテナンスの重要性

身体と同じように心も大切にしよう

私は心理職として15年間、対人関係の悩みなど仕事にまつわる悩みを聴いてきました。最近、特に、メンタル不調を訴える人が増えてきたと感じています。その原因はいろいろありますが、1つには、メンテナンス不足が挙げられるでしょう。

世の中は、健康志向が高まっていますが、心のほうはどうでしょうか。身体はケアしても、心は放ったらかしにしている人って案外多いのではないでしょうか。

ケアしなければ、弱るのは当たり前です。

心のケアはおざなりになりがち

健康のために睡眠は7時間取ろうといわれますが、あなたは精神の回復のために何をしていますか？　食事を1日3回規則正しく食べましょうといわれますが、精神のために何か補給していますか？　身体の衛生を保つために、お風呂に入ったり、洗顔や歯磨きを毎日するけれど、精神の衛生保持のために何をしていますか？

人によっては何もしていません、という人もいるのではないでしょうか。

それって、睡眠も取らず、飲まず食わず、お風呂も入らず、歯も磨かない、そんな暮らしをしているのと同じことです。

そんな扱いをしていて心が健康を保てるはずがありません。それで健康だったら不思議なくらいです。

ぜひ心のメンテナンスの重要性を理解し、身体と同じように心もケアしてあげましょう。

2　ストレスのしくみ

ストレスとは

ストレスについて説明をするときに、私はよく風船を例にして説明をします。

空気で膨らんだ風船があるとします。指先でこの風船を押すと、風船はへこみますよね。この場合、指が「ストレッサー（ストレス要因）」であり、風船がへこむという現象が、「ストレス反応」です。

このストレッサーとストレス反応の総称が、「ストレス」なのです。

ストレスが続くとどうなるか

私たちは、少々のストレスではへこたれないようにできています。なぜなら、私たちの身体にはホメオスタシス（生体恒常性）という機能が備わっているからです。

ホメオスタシスとは、身体を一定に保とうとする機能のことです。たとえば私たちの体温は、外がどんなに暑かろうが寒かろうが、おおよそ35～36度に保たれています。これはホメオスタシスのおかげなのです。

メンタルの状態も同様です。指先で1、2回押したくらい（少々のストレス体験）では、へこんだ風船はすぐにもとに戻ります。

しかし、そのストレッサーが1回ではなく、100回、1000回、1万回と繰り返されれば、風船から徐々に空気が抜けてもとに戻らなくなり、しぼんだままの状態になってしまいます。

これがメンタルヘルス不調の状態なのです。

1回で強烈なダメージを与えるのがトラウマ

もしストレッサーが、指のように柔らかくて丸いものではなく、針のように鋭くとがったものであれば、風船は一瞬にして割れてしまいます。

この場合の針は、強い刺激＝トラウマです。トラウマは、あなたのメンタルを一瞬にして不調に陥れる強烈なチカラを持っているのです。

一度しぼんでしまった風船をもとに戻すのは簡単ではありません。ですから、しぼみきる前に時々ケアをして、よい状態を保つ必要があります。強いトラウマで割れてしまった風船をもとに戻すのはさらに難しく、特別なケアが必要になります。

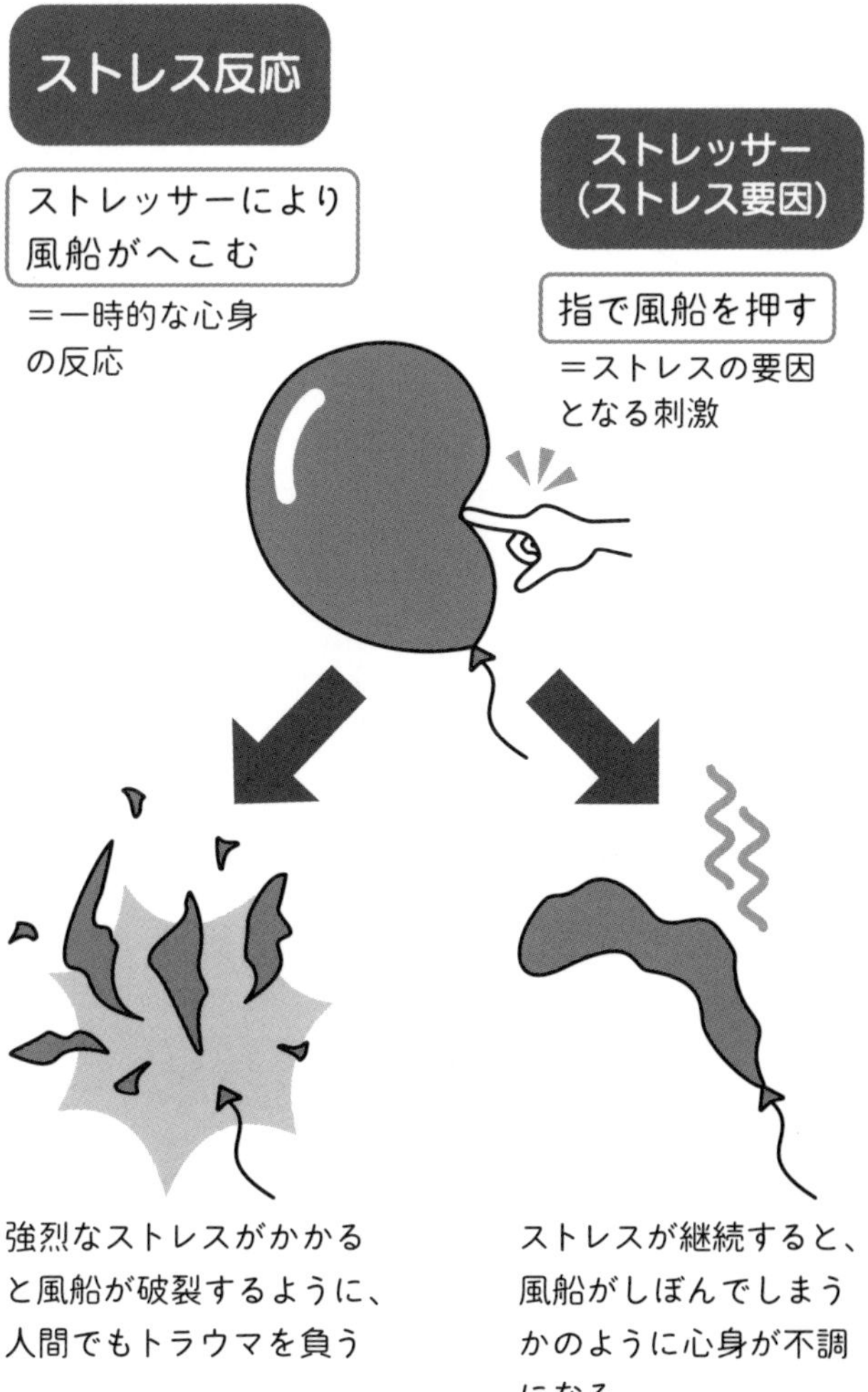
ストレス反応
ストレッサーにより
風船がへこむ
＝一時的な心身
の反応
ストレッサー
（ストレス要因）
指で風船を押す
＝ストレスの要因
となる刺激
強烈なストレスがかかる
と風船が破裂するように、
人間でもトラウマを負う
ストレスが継続すると、
風船がしぼんでしまう
かのように心身が不調
になる

3　ストレスが引き起こすさまざまな不調

身体、行動、精神にさまざまな変化を及ぼす

メンタルをケアすることなく、ストレスが継続していくと、私たちの心や身体にどんな影響があるのでしょうか。一般的には、次のような変化が起こることがわかっています。

身体面の変化

・睡眠の変化：夜眠れない、眠りが浅いなど。
・消化器系の不調：食欲不振や、腹痛、下痢、便秘など。
・体の痛み、めまいなど：特に原因がないのに体のあちこちが痛い、めまいがする、生理不順など。

行動面の変化

・食欲変化や酒量の増加：度を越してお酒を飲む、過食、拒食の場合も。
・対人関係の変化など：人とのつき合いを避けたり、無口になったりする。

精神面の変化

・気分の落ち込み：意欲の低下、無力感、孤独、必要以上に自分を責めるなど。
・不安・焦燥感：怒り、不満、このままじゃいけないという焦りなど。
・情緒不安定など：いらいらして怒りっぽくなるなど。

ストレスが引き起こすさまざまな不調

身体面	・夜眠れない、眠りが浅いなど ・食欲不振、腹痛、下痢、便秘 ・体のあちこちが痛い （頭痛、腹痛など） ・めまい
行動面	・度を越してお酒を飲む ・過食、拒食 ・人づき合いを避ける ・無口になる
精神面	・意欲の低下 ・無力感 ・孤独 ・自責の念 ・怒り、不満、焦り

睡眠の変化

ストレスが引き起こす不調の1つに睡眠不足がありますが、睡眠不足は健康面のリスクだけでなく、うつ病の原因にもなることがわかっています。決して侮ってはいけません。

睡眠不足と一口に言っても、眠りの状態を細かく見ると、①入眠困難、②中途覚醒、③早朝覚醒、④浅眠の4つのパターンがあります。

①入眠困難は、寝つきが悪い、なかなか眠れない状態のことです。ひどくなると、夜がしらじらと明ける頃にようやくうとうとするような場合もあります。

②中途覚醒は、夜中に目が覚めて眠れない、あるいは夜中に何度も目が覚めることです。夜中にトイレに起きてもたいていは布団に入れば再び眠れるのですが、中途覚醒の人はそこから眠れません。

③早朝覚醒は、朝、たとえば3時とか4時に目が覚めて、普通なら「あと1、2時間眠れるな」と思って眠れるのですが、そこから眠れない状態です。

④浅眠は、眠りが浅いことです。通常は90分サイクルで深い眠り（ノンレム睡眠）と浅い眠り（レム睡眠）を繰り返しますが、浅眠の人はレム睡眠しかありません。

ノンレム睡眠のときには身体と脳が休んでいますが、レム睡眠のときは身体は眠っていますが、脳は起きています。つまり、浅眠の人は、ずっと脳が起きている状態なのです。ですから、眠ったはずなのに脳は休まっておらず、徹夜明けのようにぼーっとした状態です。これでは勉強も仕事も

各国の平均的な睡眠時間

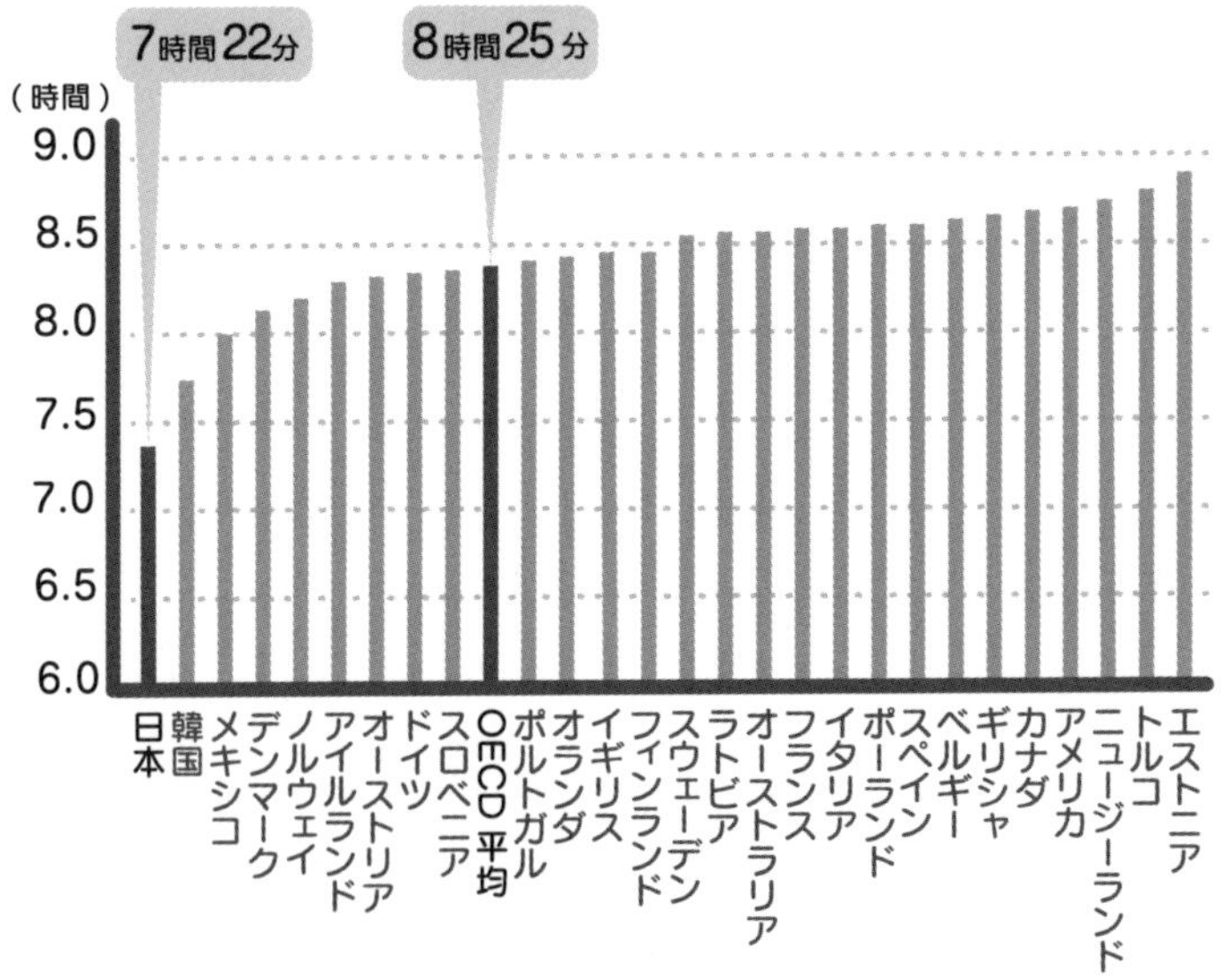

OECD 加盟諸国の睡眠時間（15~64 歳）
OECD(Balancing paid work, unpaid work and leisure 2018) から作成

はかどりません。

そもそも日本人は、世界一睡眠時間が短いといわれています（21頁グラフ参照）。

ただでさえ睡眠不足なのに、その上眠りが浅かったり夜中に何度も起きたりしていたのでは、ますます睡眠不足になってしまいます。

夜寝られない、目が覚める、寝た気がしないという人は、睡眠不足を疑い、対策を取りましょう。

・毎朝規則正しい時間に起床し、夜更かしを避けなるべく決まった時間に就寝する
・ベッドに入ってもなかなか眠れない場合は、一旦ベッドから離れて眠気を待ってみる
・朝起きたら朝日を浴びる
・1日3回だいたい決まった時間に食事を摂る
・寝酒の禁止。飲む場合は適量を就寝3時間前までに飲み終える（アルコール成分が眠りの阻害要因になるため）
・寝る前にテレビやパソコン、スマホを見ない
・寝る1～2時間前にぬるめのお風呂に入る

など、できることから実践しましょう。

自力では難しい場合は、市販薬に手を伸ばす前に医療機関に相談してください。

また、第3章で紹介するＴＦＴ療法でも、眠りに効果のある手順がありますので、ぜひ試してみてください。

食欲の変化

嫌なことがあって食欲がなくなった経験はみなさんにもあるのではないでしょうか。なぜそのようなことが起こるのでしょうか。

私たちの身体には、交感神経と副交感神経が張り巡らされていますが、ストレスを感じているときは、交感神経が優位に働き、副交感神経の働きは抑えられています。

副交感神経は消化吸収を促す神経なので、これが働かないから食欲もわかないのです。

また、ストレスによって味覚も感じなくなり、おいしくないから食欲が低下するのです。「砂をかんでいるようだ」と言う人もいるくらいです。

逆に、ストレスによって過食する人もいます。これはなぜでしょうか。これも脳のはたらきが関係しています。

ストレスを脳が感知すると、脳からコルチゾールというストレスホルモンが分泌されます。コルチゾールが食欲を増進させ脂肪分や糖分の多いものが欲しくなるのです。

また、甘いものは依存性物質であるドーパミンを分泌させるので、一度甘いものを食べて得た快楽をまた欲するようになり、やめられなくなるというリスクがあります。

ごくたまに自分へのごほうびでスイーツバイキングに行くくらいならかまいません（ただし血糖値が急上昇するリスクもありますよ）が、常習化するとやめられなくなり、肥満など身体の不調の原因ともなるので気をつけましょう。

よいことがストレスになることも

不思議なことに、嫌なできごとばかりがストレスになるとは限りません。昇進、昇格、結婚や出産など、一般的にはおめでたいことがストレスになることもあります。

人間は、急激な変化を好みません。ですからたとえおめでたいことでも、これから起こりうる未知のできごとに対する不安を感じていれば、それがストレスになり、お腹が痛くなったり情緒不安定になったりといったストレス反応が起こってしまうのです。

ストレスは雪だるま式にふくらんでいく

人は、少々のストレスではへこたれません。時々ストレス発散をしてメンタルケアをしてあげれば、深刻な不調に陥ることなく心の健康を保つことができます。

しかし、日々ストレスがたまっていくと、心の疲労が雪だるま式にたまっていきます。それをステルス性疲労といいます。

ステルス性疲労が起こるしくみ

ステルス性疲労とは、知らず知らずのうちに身体的にも精神的にも疲労がたまることを指します。原因がはっきりしないために対処できず、心がモヤモヤし続けている場合、ステルス疲労かもしれません。この疲労は注意を要するもので、うつ病を発症したり、最悪の場合は自殺に至ることもあ

ステルス性疲労の起きるしくみ

長時間労働増加

↓

危険な三兆候

・出勤がつらい、朝の憂うつ
・不平・不満、イライラ
・笑顔や楽しみの消失

私的時間の減少

↓

「嬉しい・楽しい」の喪失

・　食事の時間↓
・　交流の時間↓
・　自分の時間↓

睡眠時間の減少

↓

危険な三兆候

・寝つけない
・夜中/明け方に目覚める
・眠りが浅い

心身への影響

危険な三兆候

・やめたい気持ち
・いなくなりたい気持ち
・死にたい気持ち

るとされています。

たとえば、あなたは長時間労働がずっと続いているとします。

最初の変化は食欲不振、睡眠不足など、まず体に出ます（第一段階）。次は、イライラ、焦り、会社への不信感といったメンタルへの影響が出てきます（第二段階）。やがて、「仕事をやめたい」「いなくなりたい」「死にたい」など、不安、憂鬱、無力感、希死念慮が強くなり（第三段階）、業務を投げ出してしまう、突然仕事をやめてしまう、あるいは自死してしまうといった最悪の事態に至ることもあります。

4 ストレスは絶対悪ではない

適度なストレスはあなたを成長させる

ストレスは、人を死に至らしめるほど恐ろしい面もありますが、違う側面もあります。

次のグラフを見てください。

これはストレスの度合いと生産性を示したものです。

アメリカのロバート・ヤーキーズ博士（１８７６〜１９５６）とJ．D．ドットソン博士（１８７９〜１９５５）がマウスを使って実験を行い、１９０８年に発表した「ヤーキーズ・ドットソン曲線」がもとになっています。

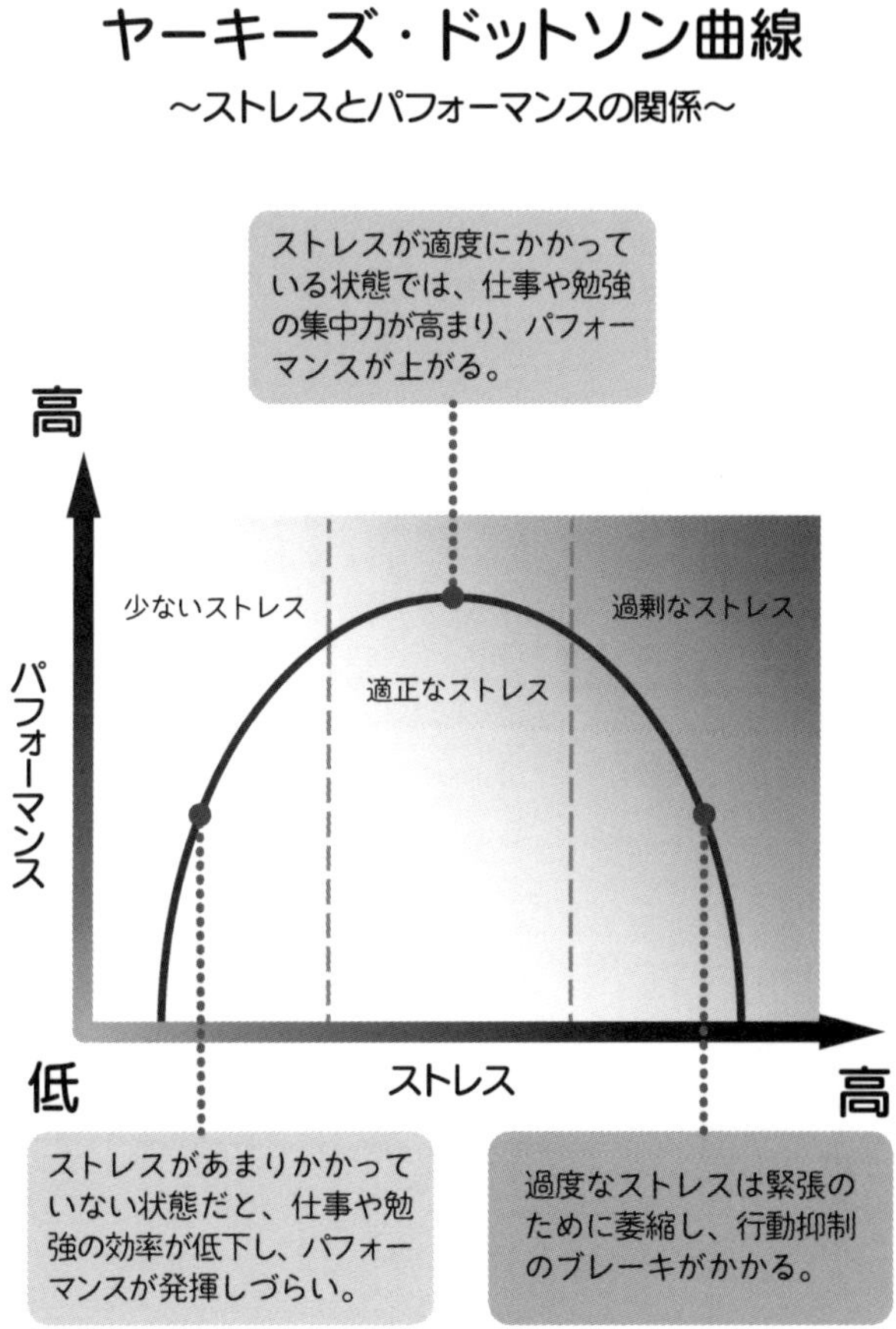
ヤーキーズ・ドットソン曲線
〜ストレスとパフォーマンスの関係〜
ストレスが適度にかかっている状態では、仕事や勉強の集中力が高まり、パフォーマンスが上がる。
高
パフォーマンス
少ないストレス
適正なストレス
過剰なストレス
低
ストレス
高
ストレスがあまりかかっていない状態だと、仕事や勉強の効率が低下し、パフォーマンスが発揮しづらい。
過度なストレスは緊張のために萎縮し、行動抑制のブレーキがかかる。

このグラフの意味するところは、
・ストレスが低すぎると生産性は落ちる
・ストレスが高すぎると生産性は落ちる
・適度なストレスがあるときに最も生産性が高くなる
ということです。

つまり、ストレスは全くの悪とはいえない。高すぎず低すぎない適度な緊張状態（ストレス）のとき、人は最適なパフォーマンスを発揮できるのです。

みなさんも、簡単すぎる仕事だとやる気が出ないという経験はあるのではないでしょうか。

ストレスという言葉を初めて医療用語として使ったカナダの生理学者ハンス・セリエ博士（１９０７〜１９８２）も、「ストレスは人生のスパイスである」と述べています。

自ら適度なストレスを設定して成長する

仕事でよいパフォーマンスを出すためには、適度なストレス（緊張感）を保つことが大事です。方法としては、現在のあなたの能力から見て、少し背伸びをして手を伸ばせば届くような目標を立てることです。そして、その目標に到達できたらまた少し上の目標を立てて挑戦する。これを繰り返すことです。

高すぎる目標を立てると、プレッシャーになりますし、うまくできない自分がストレスになります。あくまでも「適度なストレス」にとどめることです。

もし、高い目標も適度な目標も設定せず、今のまま何も変わらないとどうなるのでしょうか。あなたが変わらなくても、環境は必ず変わっていくので、あなたが取り残されてしまうことになります。その結果、「周りは変わっているのに私だけ前のままだ」というストレスにさいなまれるかもしれません。少しずつ成長していくことは、未来のストレス回避につながるのです。

ところで現在あなたの周りに、あなたを思ってあなたにとって耳の痛いことを言ってくれる人はいますか？　子どもの頃は、頼まなくても親や学校の先生が、あなたの苦手なこと、できないことを指摘し注意してくれたでしょう。大人になるとなかなか面と向かって注意をしてくれる人はいません。最近は、上司もパワハラリスクを回避するのかあまり注意をしてくれなかったりします。

でも、それではあなたは成長する機会を失ってしまうかもしれません。耳の痛いことを言ってくれる友達や上司もいたほうが、あなたのためにもよいのです。そう考えると、今までストレスのタネだった人も、ありがたく見えてくるかもしれません。

5　ストレス管理の戦略

ストレスに負けないための戦略を持つ

人は、ホメオスタシスのおかげで、少々のストレスではへこたれないようにできています（ただし、トラウマのようなストレスの場合は例外です。これについては第2章で詳しく説明します）。みなさんには、自分でストレスに対処し、自分の人生を自分でコントロールできるチカラが本来備わっています。そのことを忘れないでください。

日々のセルフケアの方法は、第5章で紹介しています。これらを実践することで、少々のストレスに対してへこたれることなく過ごしていけるでしょう。

ただし、現代のようにストレスの多い時代に生きているみなさんは、ストレスに負けないための戦略、ストレスマネジメントを持っておく必要があります。

その戦略を、私は「バスタブ理論」と名づけています。

バスタブは、あなたの心の容量です。日々のストレスをバスタブに注がれるお湯だとしましょう。毎日絶え間なくお湯が注がれ、そのまま放っておくと、いずれあふれかえります。これは、メンタル不調の諸症状が顕在化している状態です。

あふれてしまうとリカバリーに時間と手間がかかります。だからあふれる前にちょくちょくバスタブの栓を抜いてお湯を排出し、あふれないようにする。あるいは、お湯の流入ピッチのコントロールをする。言い換えると、メンタルケアをしたり、ストレスそのものを避ける行動をするということです。この併用か、どちらかやりやすいほうを選択してお湯をバスタブからあふれないようにする。つまり、メンタル不調を起こさない＝未然に防ぐことがポイントです。

効果的なストレス管理の方法は、第8章で詳しく説明します。

バスタブ理論

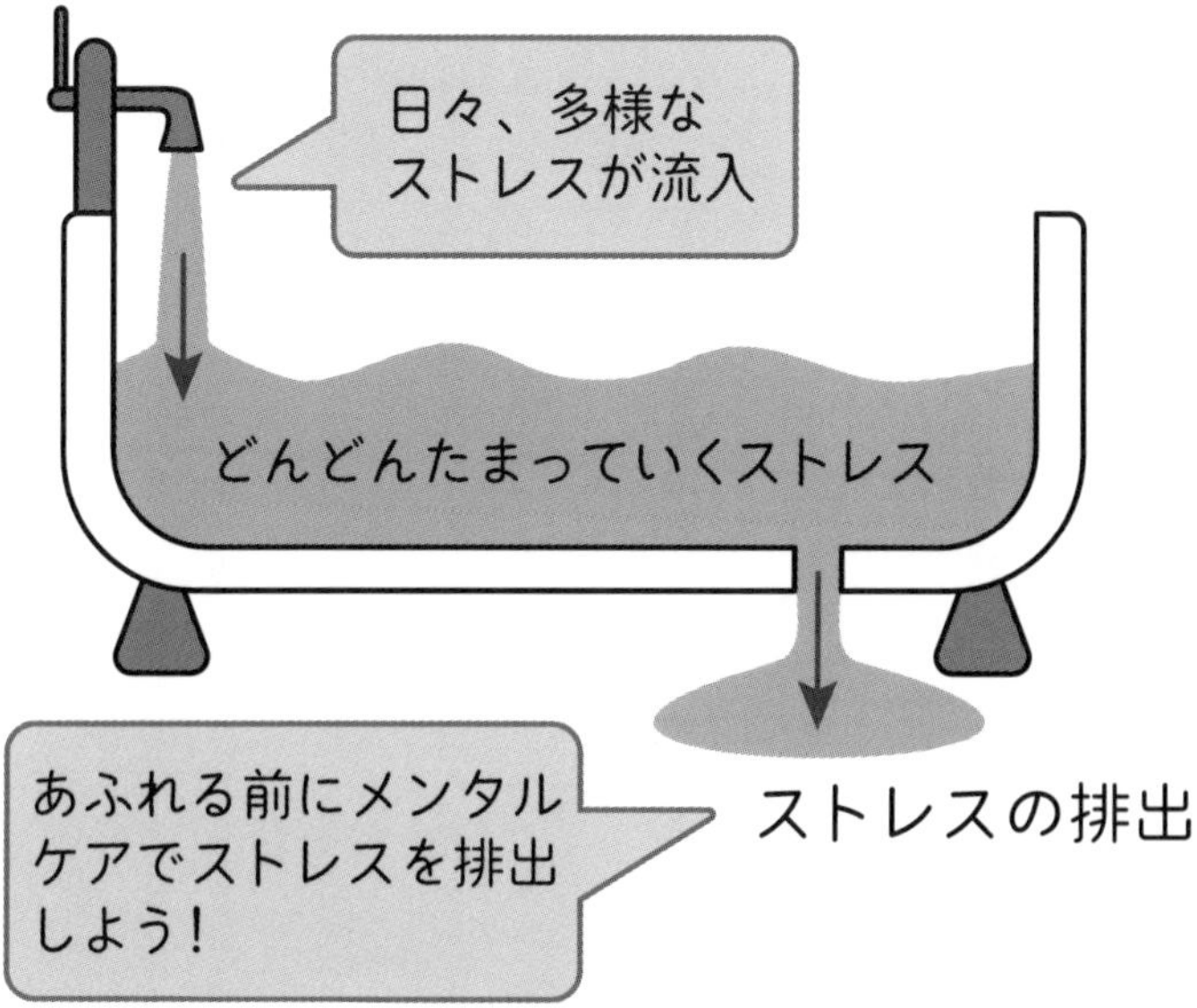
日々、多様な
ストレスが流入
どんどんたまっていくストレス
ストレスの排出
あふれる前にメンタルケアでストレスを排出しよう！

【第1章　まとめ】

・誰でも身体のケアをするのに心のケアは忘れがち。心も身体と同じようにケアしよう。
・ストレスの原因になるのがストレッサー（ストレス要因）、ストレスで気分が落ち込むなどの現象をストレス反応という。
・ストレッサー＋ストレス反応＝ストレス。
・少々のストレスではへこたれずもとに戻れるが、ストレスが続くともとに戻れなくなる。
・強烈なストレッサーは、一瞬でメンタル不調を引き起こす。
・強烈なストレッサーとは、トラウマ。
・ストレス反応には、眠れない、食欲不振、身体の痛み、過食、拒食、意欲低下など、さまざまな不調が含まれる。
・特に睡眠不足と食欲の変化に気をつけよう。
・悪いことだけでなくおめでたいこともストレスになることがある。
・ストレスは、雪だるま式にふくらんでいくので要注意。
・適度なストレスは人を成長させる。
・人は、自分でストレスに対処し人生をコントロールできるチカラを持っている。
・自らストレスコントロールをし、メンタル不調を未然に防ごう。

第2章　生きづらさの原因はトラウマ？

何かとストレスの多い現代社会。メンタル不調に悩む人が増えています。
その原因をたどると、トラウマに行き当たります。
トラウマとは何か、トラウマにどう対処したらいいのかを考えます。

1　わかっているのにできない原因

なぜか同じ失敗パターンを繰り返していませんか？

あなたは、「頭ではこうしたほうがいいとわかっているのに、どうしてもできない」という経験をしたことはないでしょうか。

たとえば、「会社に行かなければ」と頭ではわかっているのにどうしても家から外に出られない。父親くらいの年齢の上司が苦手で、「普通に接しよう」と思っても体が固まってしまう。友達と仲よくなろうとしても「素の自分を見せたら好かれないのでは」と不安で、腹を割ってつき合えない、片思いだった相手と両想いになっても「どうせ嫌われる」と思って自分から離れてしまう…などなど（こういう思考パターンを「心理的逆転」といいます。詳しくは65頁で述べます）。

人によってパターンはさまざまですが、これらのように、「わかっているのにできない」という感覚は、トラウマが関係していることが多いのです。

トラウマが行動を制限する

トラウマは、災害、暴力、深刻な性被害、重度事故、戦闘、虐待など、過度なストレスや恐怖によって引き起こされる心の傷です。第1章でも述べましたが、トラウマによる心の傷はあまりにも強烈なので自力で修復することが難しく、心に深い傷を残します。そしてその傷が、本人も気づかないうちに行動を制限したりブレーキをかけたり思っていることと逆のことをするのです。

たとえば、先の例の、「行かなければ」と思っても会社に行けないのは、会社で何かショックなできごとがあってそれがトラウマになり、「また嫌なことが起こるのでは」という恐れから会社に行けなくなった可能性があります。

父親のような年齢の男性を見ると体が固まってしまうのは、幼い頃に親から受けた暴力がトラウマとなっているかもしれません。人前で素のままの自分を出せないことや、人と親密な関係が築けないことも、幼い頃に受けた暴力や、育児放棄、愛着問題が原因になっていることがあります。

また、大地震や津波などの自然災害にあった経験がトラウマになっている人は、たとえ微震でも恐怖で体が固まったり、水が怖くて海に近づけないなどの行動がよく見られます。

トラウマのせいだと逃げないで

すでに述べたように、トラウマとは、命が危険にさらされるほどショッキングなできごとによる心の傷です。

しかし最近は、ちょっと嫌な目にあった、ちょっと恥ずかしい思いをした程度のできごとでも「トラウマだ」と言う人が増えているように思います。トラウマのカジュアル化とでもいいましょうか。

それ自体が悪いとは思いませんが、気になるのは、本来なら自分で解決できることも、「トラウマだから仕方がない」と、望みどおりにならないことをトラウマのせいにして、自分で対処することを放棄してしまう人がいることです。

誰でも傷つくのは嫌なものです。でも、嫌だからこそ逃げずに向き合って古傷になってしまう前に対処しましょう。

過去や他人は変えられませんから、「これは自分が対処する課題だ」ととらえるほうが、対処しやすいのです。私たちにはトラウマや課題を乗り越えるチカラが備わっていることを思い出してください。

トラウマのことをよく知って、トラウマとどう折り合いをつけるかを知ってほしいと思います。

2 今さら聞けない「トラウマ」とは

「単回性トラウマ」と「慢性反復性トラウマ」

トラウマには、単回性トラウマと慢性反復性トラウマがあります。

単回性トラウマは、一度限りの恐ろしいできごとによって引き起こされます。たとえば、交通事故や、地震、津波などの自然災害のように、命の危険を感じるほどのできごとです。

慢性反復性トラウマは、継続的かつ繰り返し起こるストレスによって引き起こされるトラウマです。たとえば虐待、家庭内の暴力、学校でのいじめ、長期的に不安定な環境などがあります。

トラウマは、外傷体験（traumatic experience）、または心的外傷（psychic trauma）ともいいます。強いトラウマ体験をしても、その後、安心安全な場でケアされれば、時間の経過とともに、心の傷は癒えていくことも多いです。

しかし、適切にケアされることがない、あるいはつら過ぎて誰にも話すことができない場合は、自分でその傷を適切に処理できず、それがコンプレックスとなって、その後の人間形成に影響を与えたり、生きづらさの原因になることがあります。

忘れてしまったつもりでもよみがえる過去の傷つき体験

私は学生の頃に、阪神淡路大震災を経験しています。その時はさほどショックを受けたとは思っていなかったのですが、何年か経って再び地震を経験したときに、震度2程度の軽い地震だったにもかかわらず、身体が固まって震えが止まらなくなったことがあります。

自分でも気づかないうちに、大震災の記憶が心の傷となって残っていたために、当時の恐怖が一気によみがえってきたのです。

これも、トラウマによる反応といえるでしょう。

逆境的小児期体験（ＡＣＥｓ）とは

子ども時代にさまざまな困難や試練に直面することを「逆境的小児期体験（Adverse Childhood

Experiences＝ＡＣＥｓ）」といいます。子どもの頃に体験した、たとえば家庭内の虐待や不安定な環境、重大な事故や災害などです。これらもトラウマの一因となります。

トラウマが引き起こす急性ストレス障害

強いトラウマ体験をきっかけに、不安やいらいら、恐怖、倦怠感、身体のだるさなどのストレス反応が起こり、日常生活に支障をきたすことがあります。これを急性ストレス障害、またはＡＳＤ（Acute Stress Disorder）ともいいます。

しかし、時が経つにつれて不快な症状は治まり、だいたい1か月くらいでなくなります。

苦しみが継続するＰＴＳＤ

1か月を過ぎても不快なストレス反応がなくならない場合は、心的外傷後ストレス障害＝ＰＴＳＤ（Post Traumatic Stress Disorder）の可能性が検討されます。

ＰＴＳＤが世の中に知られるようになったのは、ベトナム戦争後のことで、戦場での恐ろしい体験をきっかけに、後に述べるフラッシュバックなどの不快な精神症状に苦しめられる帰還兵が多くいたことから研究が進められたといわれています。

ＰＴＳＤになる人は、決して心が弱いわけではありません。命にかかわるような体験をした人なら誰でもかかりうる可能性があります。日本人における生涯有病率は1・3％で、一般的に男性よりも女性のほうが高い傾向にあります。

ＰＴＳＤによる反応

身近な人の死、自然災害、大きな事故など、トラウマになるような圧倒的なできごとを体験すると、私たちはうまくそのストレスを処理できず、次の３つの反応をすることがわかっています。

１つは、できごとの再体験です。トラウマに関する記憶が繰り返しよみがえる、いわゆるフラッシュバックです。記憶がよみがえるだけでなく、精神的な苦痛や、動悸、ふるえ、冷や汗など、さまざまな身体症状を伴います。フラッシュバックは、何かのきっかけで突然前触れもなく起こることが多いです。本人はとても苦しいのですが、周囲にはなぜ急に不安定になっているのかわからず、理解されにくいつらさもあります。

２つ目は、回避・鈍麻（特定の刺激に対して感覚が鈍くなること）です。あまりにつらい体験をしたために、トラウマに関する記憶を思い出させる人や場所、機会などを避けたり（回避）、なるべく考えないようになったりする（鈍麻）ことです。

これは、自己防衛反応の１つともいえますが、長く続くと、生活に支障をきたすこともあります。

３つ目は、過覚醒症状です。もうストレスになるようなことは起こっていないのに、些細なことでビクビクして過敏になったり、ちょっとしたことにイライラして自暴自棄になったり、過剰に警戒したりするようになります。常に感情が過敏になり、心が休まる暇がないので疲労がたまります。

PTSDによる反応

できごとの再体験

嫌な経験が突然よみがえり（フラッシュバック）、精神的な苦痛や、動悸、ふるえ、冷や汗などの身体症状も。

回避・鈍麻

嫌な記憶に関する場所、人などを避ける。
考えないようにする。
特定の刺激に対し感覚が鈍くなる。

過覚醒

些細なことでビクビク（過敏）したり、イライラ（易怒性）して気が休まらない。
不眠で身体の疲れもたまってしまう。

ＰＴＳＤの克服は難しい

たとえば津波や大地震などにあい、家が倒壊した、身近な人を亡くした、といった通常では考えられないような大惨事を経験した人は、しばらく感覚がマヒしたようになったり、茫然自失としたり、前述の３つの反応が現れることがよくあります。

しかしこれらの反応は、人間として当然のことで、けっしてその人がおかしくなったとか、弱いとか、メンタルが壊れてしまったということではありません。

そして、多くの場合は、時間とともに治まっていきますし、カウンセリングやＴＦＴ療法（第３章参照）、ＢＣＴ（ボディコネクトセラピー。第４章参照）などによって改善していくものです。

３　トラウマはどのような影響を及ぼすのか

トラウマはなぜいけないのか

トラウマがケアされないまま記憶のどこかに残っていると、不安やうつ病、パニック発作、対人関係の問題など、さまざまな形で現れ、心の健康や日常生活にさまざまな影響を与えます。

しかし、本人もトラウマを自覚していないことが多いため、「なぜ自分はいつもうまくいかないのだろう」と、不調を自分のせいにして苦しんでいる人はたくさんいます。

トラウマは、事故や災害だけでなく、生育環境によっても引き起こされることがあります。

乳幼児期のアタッチメントトラウマ

乳幼児期に、親などの主たる養育者と親密な関係を築くことを「アタッチメント（愛着：Attachment）」といいます。

アタッチメントがしっかりできないまま育ったり、アタッチメントの対象となる存在を失った経験は、トラウマになる可能性があります（アタッチメントトラウマ）。

アタッチメントトラウマは、自己価値観の低下につながったり、大人になってからの人間関係にも影響を与えることがあります。

発達段階ごとでみると、次のような影響があるといわれています。

乳　児　期：自分や周りへの基本的信頼感が育ちにくい。また、情緒が不安定になりやすい。

幼　児　期：意志の力や自己コントロールの力が育まれず、持続力や実行力が弱い。ルールを守れない。

児　童　期：攻撃的な行動をする。学業不振。

思春期以降：うつ病や双極性障害などの気分障害、不安障害、解離性障害、境界性パーソナリティ障害などの精神疾患などを発症しやすい。

働く意欲の低下

私は企業内カウンセラーをしていたときに、人間関係をうまく構築できない、働く意欲がわかないという多くの人たちの声を聴いてきました。

彼らの背景を聴いていると、幼少期に安全・安心ではない家庭環境で育った人も多いように感じました。つまり彼らは、アタッチメントトラウマを抱えたまま大人になった人たちなのです。

彼らは、子どもの頃から安心して自分の気持ちを受け入れてもらうことができず、助けや協力を得られないまま成長せざるをえなかったのではないでしょうか。そのため大人になっても、何でも自分で解決しなければならないという思い込みが強く、できなければ、世の中は受け入れてくれないという潜在的な不安を抱えています。

そして、他人から自分がどう思われるか、どう評価されるかということが、いつも不安で仕方がありません。

自分が困っていても、人に助けを求めることができず、全部1人で抱え込んで悩んでしまう。引き受けなければならないという過剰な責任感や、過剰な義務感で、日々大きなストレスを抱えています。

また、「自分の力では、どうしようもない困難な状況」を繰り返し経験させられたことから、「自分に対する無力感」が心の奥深くに強く刻み込まれています。

結果的に、職場での人間関係がうまくいかなかったり、抱え込んだ仕事がキャパを超えて突然失踪したりといったトラブルを起こす方もいらっしゃいました。

本人も「これではいけない」とわかっているのに変えられない。

そのうち働く意欲も低下して職場に足が向かなくなる。そのままやめてしまうこともあります。

それがまた、キャリアのマイナス体験（トラウマ）となるという、悪循環に陥る人も少なくありません。

4　トラウマがあることに気づく

うまくいかないのはトラウマのせい？

これまで述べてきたように、トラウマは、あなたの自己価値感や自己効力感を傷つけ、学習や成長、挑戦、キャリア形成のじゃまをし、幸せな人生を阻害する可能性があります。

しかし多くの人は、その原因がトラウマにあると気づいていませんし、そもそもトラウマの存在を自覚できていません。

トラウマは隠れている

トラウマは、古傷のようなものです。

手に棘がささって抜けないまま皮膚の下に隠れてしまった経験はありませんか？　見た目にはわ

からないので棘の存在を忘れてしまいますが、何かの拍子に触れると痛みを感じ、その棘の存在を思い出す。トラウマとは、まさにその棘のようなものなのです。

トラウマはなぜ自覚できにくいのか

過去のトラウマに本人が気づきにくい理由は、いくつかあります。第一に、トラウマは深層に埋め込まれており、本人がその存在に気づくことが難しいからです。

そもそも人の記憶とはどうなっているのでしょうか。

脳には「海馬」という、記憶を仕分けする働きをしている部位があります。海馬は日々脳に入力される情報を、「この記憶は、○○年○月○日に△△の場所で起きたできごとについての記憶だ」という「日付印」を押して、記憶を仕分けして、あるべきところにしまうという、いわば「図書館の司書」のような働きをしています。

ところがこの海馬が、本来の仕事を放棄してしまうことがあります。

それは、私たちが強い恐怖・悲しみ・怒り・恥・屈辱などの強烈な感情を伴う、衝撃的なできごとを体験したときです。

強い衝撃によって、脳から大量のストレスホルモンが分泌され、海馬の働きが停止してしまうのです。そのため、衝撃的な記憶と感情は、ふだんの脳の記憶のネットワークとは違うところに瞬間冷凍のごとく保存されます。

キャパを超えるほどの衝撃的な記憶はどこへ行く？

海馬によって仕分けされないで瞬間冷凍された記憶は、私たちの顕在意識（自覚している意識）からはアクセスできない（しづらい）右脳の深い場所にしまい込まれます。そのため、そのできごとのことを覚えていなかったり、人から聞かれてもうまく説明することができなかったりします。何が起きたかは覚えているけれど、そのできごとに伴う感情が思い出せない場合もあります。

ところが、何かそのできごとを思い出させるきっかけがあると、その記憶が一気に解凍され始めます。

解凍されたその記憶には、「これは、○○年○月○日に△△の場所で起きたできごとだ」という「日付印」が押されていません。

すると、私たちの脳は、そのできごとが「まさに『いま』『ここ』で起きている」と勘違いしてしまうのです（このような記憶を、「潜在記憶」といいます）。

フラッシュバックが起こるしくみ

たとえば、あなたが「4歳の時に初めての海水浴でおぼれそうになって怖い思いをした」ことが、トラウマ記憶になっていたとしましょう。ただし、幼い頃のことなので、あなたはもうそのことを覚えていません。

あなたは、周りに海がない状況であれば、何の問題もなく生活できていたはずです。ところが大人になってからある日、友人に誘われて海に行ったとします。すると瞬間的に海でおぼれた記憶が溶け出して、その時の記憶と恐怖の感情が突然、鮮やかによみがえります（トラウマ記憶は、セピア色にならず、新鮮なままなのです）。これをフラッシュバックといいます。

その記憶は、海馬による日付印が押されていないので、過去のできごとなのか現在のできごとなのかがうまく判断できずに、あなたの脳は、「私は、今この瞬間、海でおぼれそうになっている」と、勘違いします。

すると、目の前に見えるのは安全で穏やかな海水浴場であったとしても、あなたの目には、幼い日におぼれた海にしか見えなくなり、今まさにおぼれそう、という恐怖に襲われてしまうのです。

事実でなくてもその恐怖は本物

おぼれるということが事実ではなかったとしても、あなたにとってその恐怖は本物です。なぜなら、危険か否かを判断する扁桃体という脳の部位があるのですが、トラウマ記憶がよみがえっているとき、扁桃体には、その恐怖が記憶なのか、現実なのかを区別することができないからです。

いったん、扁桃体が「危険だ！」という信号を出すと、今度はあなたの身体が反応し始めます。心臓はバクバク、手足は震え、冷や汗をかいて、顔は真っ青になり、あなたは恐怖のあまり、即座にそこから逃げ出そうとするかもしれません。

または、意識が遠くなって、固まり、フリーズするか、そこで倒れてしまうかもしれません。

すでに述べたように、私は阪神淡路大震災を経験していますが、小さな地震でも体が固まってしまうのはまさに、このためなのです。

自ら記憶に蓋をするケースも

トラウマは、多くは思い出すのもつらい悲惨な経験と関連しており、本人がその記憶や感情に直面することを避ける傾向があります。このため、本人は自己防衛のために、トラウマを無意識のうちになかったものとして記憶から消し去ったり、記憶に蓋をしてしまったりすることがあります。

これも、トラウマが自覚されにくい理由の1つです。

トラウマから身を護る3F（スリーエフ）

トラウマのような強いストレスから身を護る本能的な行動として、よく知られているのが3Fです。3Fとは、（闘う／Fight、逃げる／Flight、固まる／Freeze）の頭文字を取ったものです。

本来は、動物が敵に襲われそうになったときに取る行動を示したものですが、人間のストレス対処法にもあてはまります。

身に迫る危機と闘うか、全力で逃げるか、どちらも叶わない場合は、その場に固まる。私が、地震の時に固まってしまうのは、地球と闘ったり、地球から逃げたりできない結果、まさに固まる／Freeze の反応だったのです。

3F反応
＝危険に直面したときの3つの行動

5　トラウマに向き合う

トラウマを外在化する

トラウマの影響から抜け出すためには、トラウマを外在化する必要があります。外在化するとは、自分の（中にある）問題だと思っていたことを、いったん外に取り出して、あたかも空の上から自分に起こったできごとを観察しているかのように眺めることです。

たとえば「私が悪いからこんな問題が生じているのだ」＝問題が自分自身にあるという考え方（内在化）を、「今、私はこの問題で困っている」＝問題が自分の外にあるという考え方（外在化）に切り替えるということです。

視点を内から外に転換すると言い換えてもいいでしょう。

こうすることによって、問題を客観的に眺めることができ、前向きに解決方法を考えることができるようになり、ストレスをコントロールしやすくなります。

カウンセラーのサポート

トラウマを外在化することは、トラウマ克服の第一歩ですが、自分1人で行うことが難しい場合もあります。そのようなときには、ぜひカウンセラーを訪ねてほしいと思います。

カウンセラーはクライエント（心の困りごとを改善するためにカウンセリングに来られる相談者の方をこう呼びます）との対話の中で、そのクライエントの心のうちに隠れたトラウマを少しずつ外在化していきます。その人の心身に支障をきたしているトラウマを特定できたら、そこからは、その問題にクライエント本人に向き合ってもらいます。

トラウマは、あなたの傷つき体験であって、悪いのはあなたを傷つけた相手（人に限らずできごとや事故も含め）です。しかし傷ついたという過去の事実は変えられないし、相手を変えることもできません。「あの時あの人がこんなことをしたせいで」と、責任を過去や他人に求めても過去にタイムトリップはできないので仕方がありません。であれば、あなたがその傷つき体験に向き合い、自分で解決するしかありません。

カウンセラーは「どうやってあなたは解決しますか」と訊くことはできても、代わりに解決してあげることはできません。

とはいえ、最初から、「はい、わかりました！　自分でなんとかします」と言える人ばかりではありません。対話を何度も重ねて、クライエントさんが「自分でどうにかしなければ」と思えるまで時間をかけてつき合います。自分なりの解決法が出てきたら「じゃあやってみようよ」と背中を押します。

やってみてうまくいけば「やったね！　すごいね！」と、その挑戦を労います（これを心理学用語でコンプリメントといいます）。

1回でうまくいくこともあれば、いかないこともあります。うまくいかなければ、別のことにまたチャレンジします。うまくいけばコンプリメントします。

クライエントさんが、ほめられることで自信がつき、うまくいった経験を繰り返せるようにします。そうやって小さな成功体験を積み重ねることで、回復していくのです。

しつこいようですが、カウンセラーは手助けをするだけです。実際にやってみて回復していくのは、クライエントさん自身なのです。ダイエットをする人とそれをサポートするパーソナルトレーナーとの関係に似ているかもしれません。

6　トラウマにより生きづらさを感じている人へ

私はカウンセラーとして、過去のこころの傷（トラウマ：心的外傷）によって生きづらさを感じている方の過去に残してきた気持ちや想いを聴き、これからの可能性をいっしょに考え、明日という未来へ少しずつ歩み始めていただくお手伝いをしています。

トラウマといわれても、私はそこまでひどい状態ではない、関係ないと思われる方も多いと思います。しかし、日常生活においても傷ついた経験や、ショックなできごとなど小さなトラウマが蓄積することにより、こころの病気やひいては身体の不調になっている方も多いのです。

過去の傷つき体験が原因となり、現在の対人関係でトラブルとなっていたり、またパーソナリティの問題にも影響したり、病院で診てもらってもなかなか改善しない不安に苦しんでいる方もいます。

さまざまな問題で気持ちが苦しくなっている方や、悩まれている方は、セラピストやカウンセラーとともに明日へ向かって歩み始めてみてください。

傷つき体験でより強い自分になる

ＰＴＧ（Post Traumatic Growth：心的外傷後成長）という言葉があります。ＰＴＳＤ（Post Traumatic Stress Disorder）は、心的外傷後ストレス障害ですが、ＰＴＧのＧは、グロース、つまり成長を意味しています。

大変な目にあったけど立ち直って、さらに大きく成長するという意味です。

傷ついた過去のことをいつまでも悔やんでいても何も変わりません。過去への恨み、つらみを手放し、立ち上がりましょう。つらい経験をばねに前よりも強い自分を目指しましょう。生きるチカラを取り戻し、明日を生きていきましょう。

阪神淡路大震災のトラウマを克服

私は大学生のときに阪神淡路大震災にあいました。大変恐ろしい経験でしたし、その後もたとえ小さくても地震があるたびに、手のひらにびっしょり汗をかき、全身が固まって次に取るべき安全確保や避難行動もできずにいました。

しかし第3章で述べる「TFT療法」の「つぼトントン」でケアすることでかなり改善しました。全く平気というわけではありませんが、スマホで大きな警報音とともに「緊急地震速報」が流れても、ただ固まっているだけでなく、すぐにテーブルの下など安全なところに身を隠す、火元を消す、ドアを開けて避難動線を確保するといった、基本的な対処行動ができるようになりました。

トラウマ克服には時間がかかる

トラウマの克服は1日や2日でできるものではありません。年単位、場合によっては生涯をとおして向き合い続けなければいけないこともあります。

しかし、向き合っているうちに「あの時は大変だったけど今は大丈夫」と言えるときが必ずきます。そのときには、人として以前よりも大きく、強くなっているはずです。

この感覚は、筋トレと似ています。筋トレをすると筋肉痛で痛いですよね。あれは筋繊維が切れるから痛むのです。

しかし、やがて筋繊維は再生し、以前より筋肉が大きく強くなります。痛い思いをするからこそ強くなるのです。

痛い目にあって「痛い、痛い」と嘆いて過ごすのか、それをばねにより強くなろうと思って過ごすのか、選ぶのはあなたです。

7　メンタルタフネスを手に入れよう

傷つかないことがタフではない

メンタルタフネスとは、医学用語でも心理学用語でもありませんが、メンタルが強い状態を表す言葉として広く浸透しています。

メンタルタフネスのことを、「どんな困難があっても、跳ね返すことができる堅牢・強固な心」と解釈する人が多いですが、私の解釈は異なります。

「傷つき、落ち込み、倒れてしまってもそこから立ち直るチカラが強い状態／強靭な心」。これがメンタルタフネスではないかと考えています。

傷つかない人はいないし、傷つかないことが強さとは思っていません。傷つけられたり、傷ついた自分を弱い人だと思ったりする必要はない。傷つけられたら傷つくのは当然なのです。もちろん傷つけられたあなたは悪くはありません。だから、傷ついたからといって、自己否定をしないでほしいのです。

傷ついて、とことん落ち込んでも、あなたは必ず回復できます。それが本当のメンタルタフネスです。

ダイヤモンドの硬さではなく、竹のようなしなやかさこそが本当の強さなのです。

ダイヤモンドは強く硬いですが、ある一定以上の強度を加えると木っ端みじんになり二度ともとに戻らないそうです。でも、竹は違います。強い嵐で一度倒れてもしなやかにもとに戻ります。それがメンタルタフネスなのです。

傷つき体験は成長のチャンス

前にPTGの話をしましたが、グロースの理屈と同じです。傷つき体験やピンチこそが成長のチャンスなのです。

何のストレスもなく、平穏無事ばかりでは、成長の機会もありません。

本書を手に取った人たちは、ぎゅーっと竹が抑えつけられるような体験をしている人のはずです。今はつらいとは思いますが、考えようによっては、あなたは今、大きく成長するチャンスタイムにいるのです。

あなたを傷つけた相手に対して恨みも怒りも不満もあるでしょう。でもそのエネルギーを復讐に向けるのではなく、「なにくそ、負けるか」とプラスのエネルギーに変換すれば、グロースになるのです。

カウンセリングをしていると、クライエントさんから激しい怒りや恨みつらみを聴くことは少なくありません。普段は決して人には言えないおどろおどろしいことばかりです。カウンセリングの場は、そういうことを吐き出す場だと思ってもらえばいい。それですっきりして、またがんばろうと思ってくれればいいのです。

8　自分で立ち向かったことで弱い自分と決別できた

私は子どもの頃、とても身体が弱く、10歳まで生きられないだろうと言われていました。ところが医学の進歩のおかげか愛情深く育ててくれた両親のおかげか高校まで生き延びました。ここまできたなら大学に行きたい。そして、大学に行ったら、ホノルルマラソンに出たいと思いました。

当時はバブル期で海外旅行が流行し、ホノルルマラソンがちょっとしたブームになっていたのです。それにマラソンは身体の弱かった私からすると強い人の象徴のように思え、強い憧れを感じました。完走できたら自信になるかもとトレーニングをして、大学に入学した年に１人でハワイに向かいました。私にとって初めての１人旅であり初めての海外旅行でした。

もし「どうせ弱い身体に生まれたのだから仕方がない」と物事をあきらめたり、「どうしてこんな弱い身体に産んだんだ」と親を恨んだりしたところで、何も状況は変わりません。それよりも、走って体力をつけ、ホノルルマラソンで成果を出すことを私は選んだのです。

そして、初めてのホノルルマラソンを私は完走することができました。自分にはとうてい無理、と思っていた42・１９５㎞を走り抜いたのです。これは本当に自分にとって大きな転機となりました。もっと先まで生きられるかも知れないという希望と、強い自信が生まれました。

それまでは、「10歳までしか生きられない」という誰かが書いたシナリオの中で生きていたような感覚が心のどこかにありましたが、「自分の人生は自分で決められる。何歳まででも生きていこう」という勇気がわいてきたのです。

私が日頃から、クライエントさんにも「自分のできないことを嘆いたり、環境に文句を言うくらいなら、自分でできることからやってみませんか」と言うのは、こういう経験とも関係があるのかもしれません。決して、無理難題を言おうと思って言うのではなく、必ずあなたにはそのチカラがあると信じているからですし、自分でなんとかできたときの喜びをみなさんにも知っていただきたいからなのです。

【第2章　まとめ】

- 「わかっているのにできない」と思うときは、トラウマが関係していることが多い。
- トラウマは過度なストレスや恐怖によって引き起こされる心の傷。
- 適切にケアされればトラウマの傷はいえていく。適切にケアされないと生きづらさの原因となる。
- トラウマは不安やうつ病、パニック発作、対人関係の問題など、日常生活に影響を及ぼす。
- 強いストレスから身を護る本能的な行動は、闘う・逃げる・固まる（Fight/Flight/Freeze=3F)。
- トラウマを外在化する（自分の外に取り出す）ことによって克服する。
- トラウマを克服し、しなやかで強いメンタルを持とう。

第3章　「生きづらさ」から解放される入り口を見つける～TFT療法

この章では、トラウマケアに効果的なTFT療法を紹介します。

TFT療法は、大変簡単にもかかわらず、短時間で効果がある画期的な方法です。一度覚えれば、セルフケアもできることが最大のメリットです。

注：動揺が強い場合には、無理をしないでリラクゼーションとしてお使いください。または、TFT、医療、メンタルヘルスなどの専門家にご相談ください。（TFT療法のホームページより）

1　奇跡のケア「ＴＦＴ療法」

つぼをトントンするだけの簡単ケア

ＴＦＴ療法とは、Thought Field Therapy の略で、直訳すると「思考場療法」となります。米国の心理学者であるロジャー・キャラハン博士が１９７０年代の終わりに確立した心理療法です。気持ちが沈んでいるとき、不安なとき、眠れないときなどに、身体のつぼを指先でトントンとたたく（タッピングする）だけで、身体が温まり、メンタルの不調が回復していきます。わずか数分で効果が現れ、副作用はなく、７割以上の人が効果を実感するというまさに奇跡のケアなのです。

ＴＦＴ療法は私たちの能力を引き出すものです。私たちの身体に備わっている「乗り越える手順」をキャラハンが見つけたのです。実際、キャラハンはそう言っていました。自分がつくったのではなく、備わっている治癒力を引き出したにすぎないと。

ＰＴＳＤの画期的な治療

従来、ＰＴＳＤの治療には、過去のつらい経験を敢えてイメージ化したり言葉にして記憶を呼び起こす、持続エクスポージャー療法（ＰＥ）が実践されてきました。「思い出しても危険ではない」

ことを感じることで、恐怖を克服しようというものです。しかし、効果は限定的で、つらい記憶を言葉にすることがクライエントさんの大きな負担になっていました。

そこで、ＴＦＴ療法が注目されるようになりました。ＴＦＴ療法は言葉に頼る必要がなく、また非常に簡単で、一度覚えればセルフケアもできるのが最大の利点です。

本当にこれで治るの？　と最初は半信半疑

私は初めてＴＦＴ療法のトレーニングに参加したときに、「こんなことで深刻なメンタル不調が解決するはずがない」とかなり不信感を持っていました。

しかし、ストレスで眠れないときに効果的というつぼを数回タッピングすると、突然睡魔に襲われ、「これはもしかしたら効くのかも」と思いました。

その後、私のカウンセリングにいらっしゃるクライエントさんにも試みてもらい、明らかにメンタルが改善していくのを目の当たりにし、効果を信じないわけにはいかなくなりました。

ＴＦＴ療法は、医療現場や教育現場、企業や官公庁などの職場でも広まっています。

トップダウンかボトムアップか

心理療法には、トップダウン処理の治療とボトムアップ処理の治療があります。

トップダウン処理の治療とは、合理的な思考や認知、規律ある行動の選択をすることで、解決を目指すものです。たとえば伝統的なカウンセリングは、カウンセラーがクライエントに寄り添い、対話をし、その言葉がクライエントの耳から脳に入り、神経を通って身体全体に作用します。脳から末端へと情報が流れるので、トップダウン処理の治療といわれています。

これに対しボトムアップ処理の治療とは、身体のほうを刺激して神経を経由して脳に影響を与える療法です。たとえばＴＦＴ療法や後で述べるＢＣＴがこれにあたります。

カウンセリングは長い歴史があり、工夫やノウハウが積み重ねられてきた方法論で、効果はもちろんあるのですが、特にトラウマに関していえば、「頭ではわかっているけどすっきりいかない」というのが問題です。

たとえば過去に事故にあった人がいるとしましょう。「事故は昔のことで、今は生きているのだから」と、頭では理解ができます。でも身体的な反応がついてこない。そこに感情や負のエネルギーがついて回っているわけです。言葉ではどうにもならないほどに衝撃を受けているケースもあります。

そのときに有効なのが、ＴＦＴ療法やＢＣＴなどのボトムアップ処理の心理療法です。これは頭だけでは扱いきれない、言葉では表しきれない問題に、身体を通じて働きかけていく手法なのです。

ＴＦＴ療法で劇的な改善が

私たちが何かを考えているとき、脳の特定の場所＝「思考場」が反応すると考えられています。

思考場にストレスや不安などを起こす原因があれば不快感を引き起こします。

ＴＦＴ療法は、つぼへのタッピングで思考場に信号を送り、不快感を解消します。

なぜタッピングだけで不快感が解消するのか、明確な理由はまだよくわかっていませんが、ロジャー・キャラハン博士の患者の水恐怖症が１回のタッピングで解消した、ルワンダ大虐殺から生き延び、ＰＴＳＤに苦しんでいた方々、米軍の退役軍人などが短時間のＴＦＴ療法で改善したなど、従来の心理療法ではなかなか改善が見られなかった精神の不調が、ＴＦＴ療法であっさり改善した例は枚挙にいとまがありません。

２　ＴＦＴ療法をやってみよう

２本の指でトントンするだけ

やりかたはとても簡単です。人差し指と中指を立てて、２本の指でつぼをトントンとたたくだけ。指の形は図を参考にしてください。症状によってたたく場所は異なります。

基本の手の形

人差し指と中指を立て、この２本の指でつぼを軽くトントンとたたきます。手は左手でも右手でもかまいません。

つぼの場所を覚えましょう

TFT療法を効果的に行うためには、つぼの正しい位置を知らなければなりません。

図①と図②は、つぼの位置を示しています。

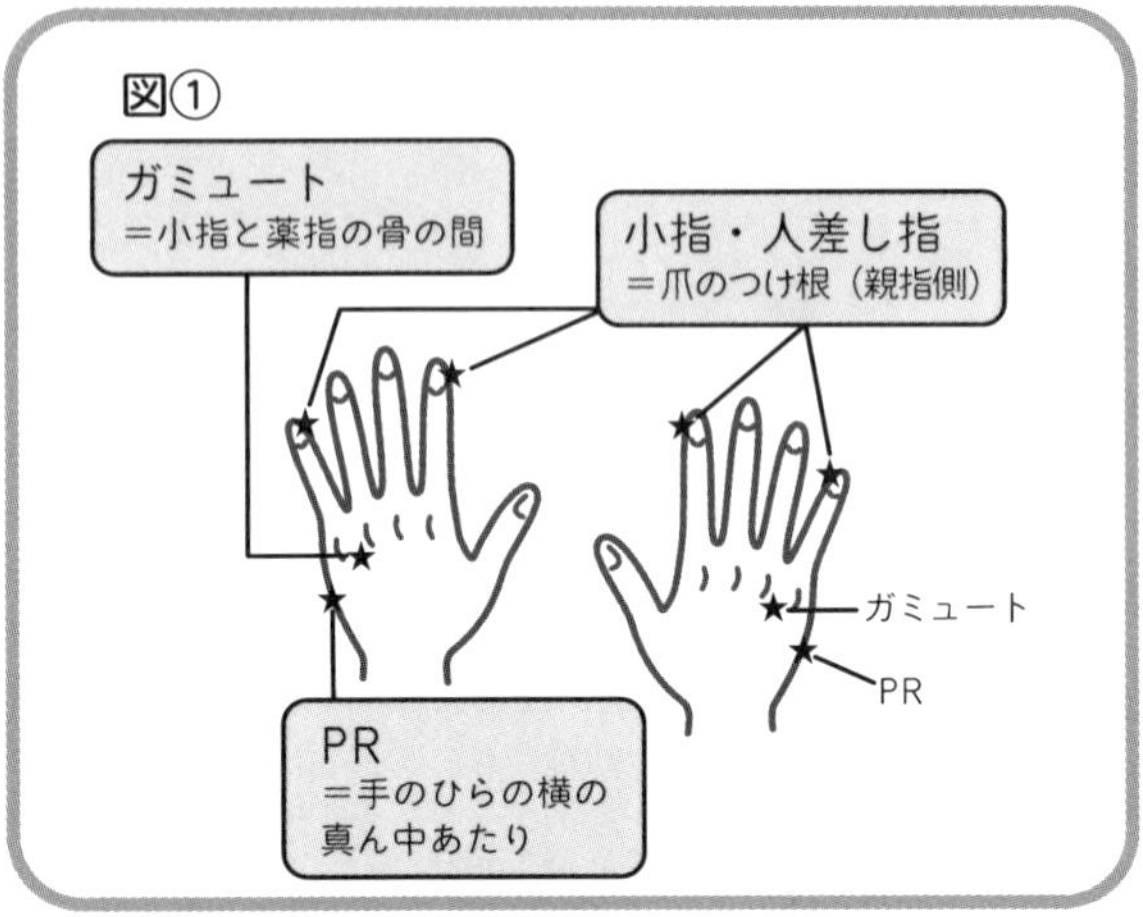

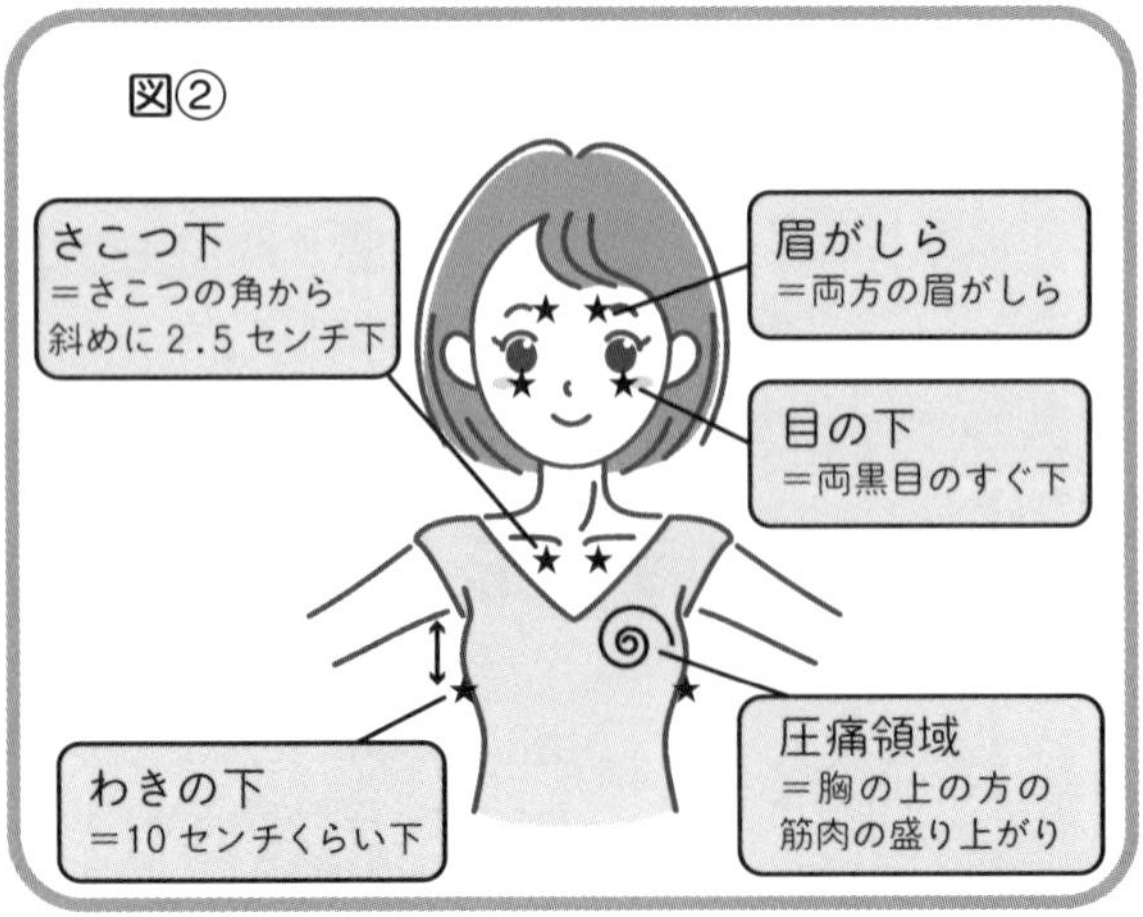

まず、図①を見てください。手の甲の小指と薬指のつけ根から1〜2センチ下の骨の間をガミュートといいます。

また、手のひらの側面のまん中あたりをＰＲといいます。

ガミュートとＰＲはさまざまな症状に効く万能なつぼなので必ず覚えておきましょう。

人差し指、小指のつぼは、どちらも親指に近い側の爪のつけ根となります。

図②は身体のつぼの位置を示しています。

さこつ下：さこつの角（ぐりぐり）から約２・５センチ斜め外側（右または左）にいったあたりです。

眉がしら：両方の眉がしらです。

目の下　：両黒目のすぐ下です。

わきの下：わきの10センチほど下です。

圧痛領域：左胸の上のほうの筋肉が盛り上がっている部分です。

準備の手順

自分が改善に向かったり、自分の理想の状態に向かおうとすることに対するブロックをＴＦＴでは「心理的逆転（ＰＲ：Psychological Reversal)」と呼んでいます。

心理的逆転の状態では、「自分ではこうしたほうがいいとわかっているのにできない」「やめたほうがいいとわかっているのにやめられない」「本当は楽しみたいのに楽しみから遠ざかるようなことをする」など、思っていることと反対の行動をしてしまいます。

心理的逆転があると、いくらＴＦＴ療法治療しようとしても効果が現れにくくなります。ですから、治療に入る前に心理的逆転を解除しなければなりません。

心理的逆転を解除するためのＴＦＴ療法が、次に紹介するＰＲと４ＰＲｓです。

これを行ってから、他の手順を行うと、さらにＴＦＴ療法の効果が高まります。

「ＰＲ」の手順

片方あるいは両手のＰＲ（ＰＲの位置は64頁の図①を参照）のポイント同士を相互にタッピング（つぼトントン）する。

「４ＰＲｓ」の手順

自分の理想的なゴールをイメージしてみましょう。

①たとえば「落ち着いている自分」「人前でも緊張していない自分」などイメージする

②ポジティブなイメージをしながら、４つのＰＲ修正ポイント（両手のＰＲ、鼻の下、あご、左右のさこつ下・67頁の図を参照）を10回ずつタッピングする

４ＰＲｓを行うことで、ネガティブな思考回路を解除し、ポジティブなゴールに向かいやすくなります。

「ＰＲ」、「４ＰＲｓ」は、いわば準備運動です。このあと、ＴＦＴ療法の基本ステップに進んでいきます。

4PRsのつぼの位置

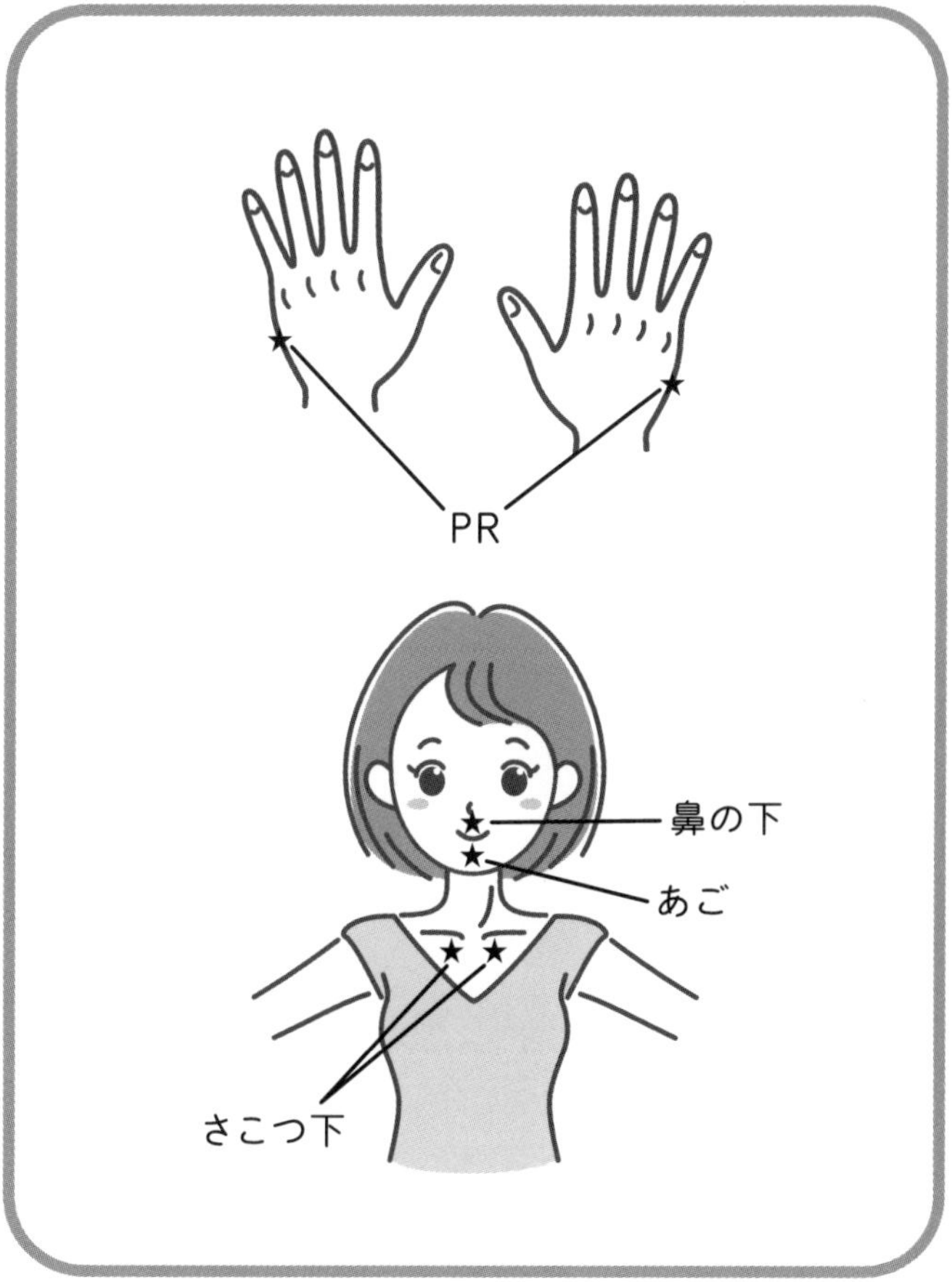

基本的な流れ

つぼトントンは、決まった順番で行います。症状によってトントンする場所は異なりますが、流れは同じなので、覚えておきましょう。

①自分が抱えている問題を頭に思い浮かべる（これをＴＦＴ療法では「チューニング」といいます）
②ＰＲを15回トントンする
③症状に合ったつぼをトントンする
④９ｇ（ナインジー）を行う
⑤手順③と同じ
⑥アイロール

アイロールとは、ガミュートをトントンしながら、顔は動かさず目線だけを床から天井まで10秒くらいでゆっくり上げていくことです。

これもＴＦＴ療法の基本の動きなので覚えておいてください。

以上がＴＦＴ療法の基本的な流れです。

③と⑤の「症状にあったつぼ」については、72頁以降で、９ｇについては70頁で説明します。

すべてを行っても1～2分で終わります。しっかり覚えて、不安だな、イライラするな、つらいな、と思うときにすぐにトントンしてください。症状が改善され心が落ち着くはずです。

基本の流れ

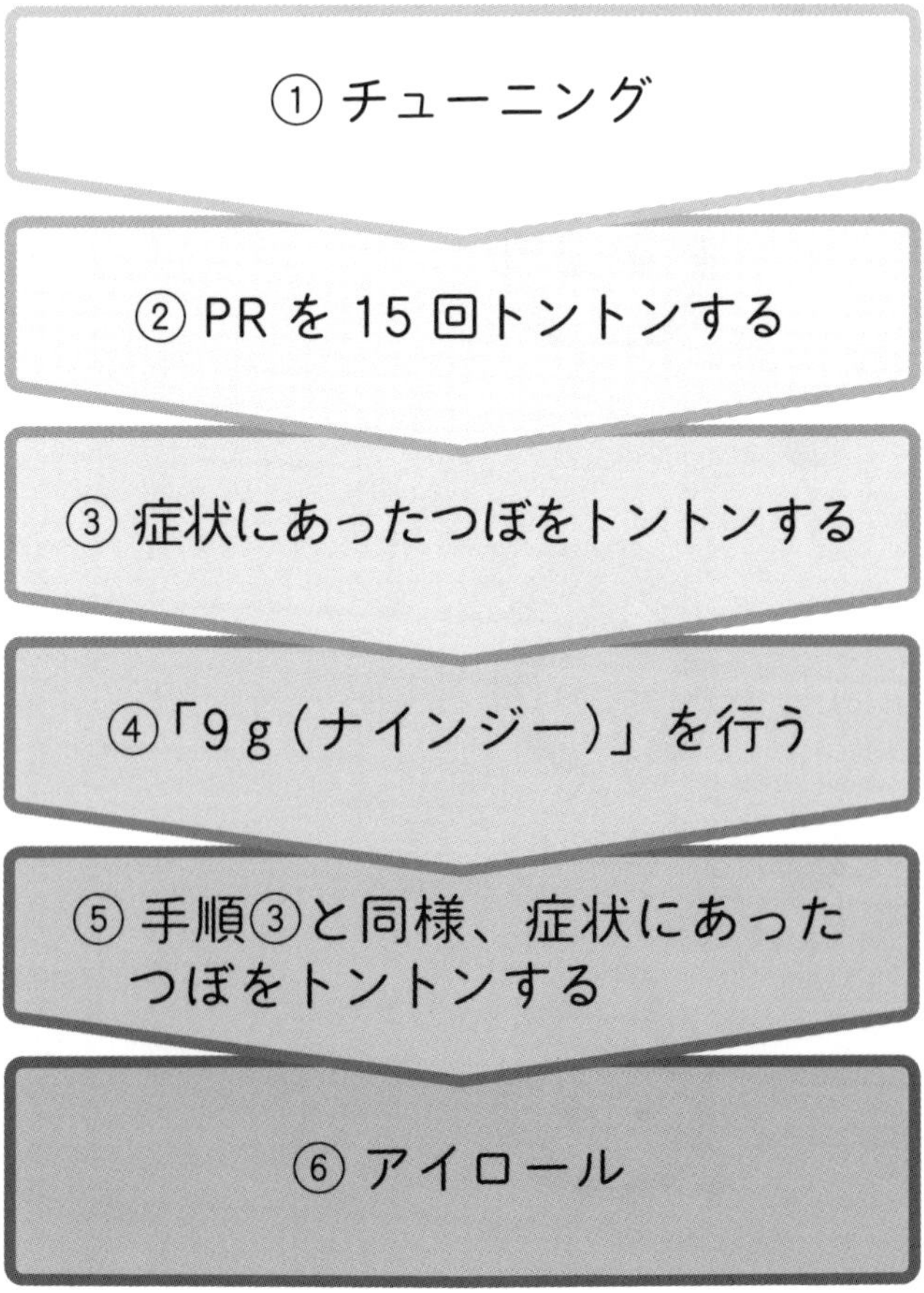
① チューニング
② PR を 15 回トントンする
③ 症状にあったつぼをトントンする
④「9 g（ナインジー）」を行う
⑤ 手順③と同様、症状にあったつぼをトントンする
⑥ アイロール

基本の動作「9g」を覚えよう

不安なとき、怒りでイライラするとき、自分を責めてしまうとき、身体に痛みがあるときに、つぼトントンでそれらの症状をしずめることができます。症状ごとに、トントンする場所は異なりますが、すべての症状に共通する、基本の動作「9g（ナインジー）」がありますので、まずそれを覚えましょう。

1 目を開けてガミュートを5回トントン

2 目を閉じてガミュートを5回トントン

3 目を開けてガミュートを5回トントンしながら視線だけ右下を見る

4 ガミュートを5回トントンしながら視線だけ左下を見る

5 ガミュートを5回トントンしながら、目を1回転

6 ガミュートを5回トントンしながら、目を反対回りに1回転

7 ガミュートを5回トントンしながら、好きなメロディーをハミング

8 ガミュートを5回トントンしながら、1から5までゆっくり数える

9 ガミュートを5回トントンしながら、好きなメロディーをハミング

以上が「9g」です。1分くらいで一巡できます。いつでもできるように覚えておきましょう。

では、症状ごとのつぼトントンをやってみましょう。

不安なとき・緊張したとき（基本の「まめわさ」）

①チューニング（自分が抱えている問題を顔に思い浮かべる）
②PRを15回トントンする
③眉がしら↓目の下↓わきの下↓さこつ下のつぼを順番に5回ずつトントンする（これを、基本の〝まめわさ〟と呼びます）
④9gを行う
⑤眉がしら↓目の下↓わきの下↓さこつ下のつぼを順番に5回ずつトントンする
⑥アイロール

※動画でもご覧いただけます。

自分を責めてしまうとき

①チューニング（自分が抱えている問題を顔に思い浮かべる）
②PRを15回トントンする
③眉がしら↓目の下↓わきの下↓さこつ下↓人差し指↓さこつ下のつぼを順番に5回ずつトントンする
④9gを行う
⑤眉がしら↓目の下↓わきの下↓さこつ下↓人差し指↓さこつ下のつぼを順番に5回ずつトントンする
⑥アイロール

※動画でもご覧いただけます。

怒り、イライラするとき

①チューニング（自分が抱えている問題を顔に思い浮かべる）
②PRを15回トントンする
③眉がしら↓目の下↓わきの下↓さこつ下↓小指↓さこつ下のつぼを順番に5回ずつトントンする
④9gを行う

⑤眉がしら↓目の下↓わきの下↓さこつ下↓小指↓さこつ下のつぼを順番に5回ずつトントンする
⑥アイロール

※動画でもご覧いただけます。

身体が痛い、凝っているとき

①チューニング（自分が抱えている問題を顔に思い浮かべる）
②PRを15回トントンする
③ガミュートを50回トントンする↓さこつ下を5回トントンする
④9gを行う
⑤ガミュートを50回トントンする↓さこつ下を5回トントンする
⑥アイロール

※動画でもご覧いただけます。

万能のさこつ呼吸

ＴＦＴ療法は、ストレスやＰＴＳＤの改善にのみ有効なわけではありません。つぼトントンによって扁桃体を落ち着かせ、幸せホルモンであるセロトニンが分泌されたり、自律神経を調整し、身体の調子を整えてくれるなどの効果があることもわかってきています。

日々の健康のためにもおすすめなのがさこつ呼吸です。

さこつ呼吸は、身体を温め、入眠を促したり、眠れている人でも睡眠の質を高めます。睡眠不足に悩んでいる人にもおすすめです。

症状ごとのつぼトントンと組み合わせることも可能です。たとえば、明日のプレゼンが心配で眠れない場合は、72頁のつぼトントンで不安をやわらげてからさこつ呼吸をするとよいでしょう。

さこつ呼吸・基本の5段階呼吸

さこつ呼吸は、次の基本の５段階呼吸をしながら行います。まずこれを覚えましょう。

①普通呼吸でガミュートを５回トントン
②大きく息を吸って止めてガミュートを５回トントン
③半分息を吐いて止めて、ガミュートを５回トントン
④残りの息を全部吐いて止めて、ガミュートを５回トントン
⑤半分息を吸って止めて、ガミュートを５回トントン

さこつ呼吸のやり方

①左手の人差し指と中指の二本指を左のさこつのポイントにあて、親指が身体に触れないようにしてガミュートをトントンしながら、５段階呼吸をします（図①）。

②親指を立てた状態で手をこぶしにして左のさこつのポイントにあて、ガミュートをトントンしながら５段階呼吸をします（図②）。親指が身体に触れないように気をつけて。

③こぶしを右側のさこつのポイントにあて、ガミュートをトントンしながら５段階呼吸をします。

④こぶしを二本指にして、右側のさこつのポイントにあて、ガミュートをトントンしながら５段階呼吸をします。

⑤手を右手に変え、二本指を右のさこつのポイントにあて、ガミュートをトントンしながら５段階呼吸をします。

⑥そのまま親指を立てた状態で手をこぶしにして右のさこつのポイントにあて、ガミュートをトントンしながら５段階呼吸をします。

⑦こぶしのまま、左側のさこつのポイントにあて、ガミュートをトントンしながら５段階呼吸をします。

⑧そのまま二本指に戻して、ガミュートをトントンしながら５段階呼吸をします。

息は、鼻でも口でも自分がやりやすいほうでかまいません。

就寝時にふとんの中で行うと、より眠りに入りやすいでしょう。

図①
二本指
ガミュート
＝小指と薬指の骨の間

図②
こぶし
ガミュート
＝小指と薬指の骨の間

単純なくり返しなので、すぐに覚えられると思います。眠れないとき、不安なとき、緊張しているときにやってみてください。身体が温まり短時間でもよい睡眠が取れます。

言葉で説明してもなかなかわかりにくいと思いますので、動画でも紹介しています。ぜひ参考にしてください。

よりＴＦＴ療法の効果を高めるために

ここまではＴＦＴ療法の中でも、セルフケアとしてみなさんが自宅でも実践できるように、あくまでも最大公約数的な効果が期待できる代表的なアルゴリズム（手順）のみを紹介しました。

しかし、どこをつぼトントンすれば効果的かは、その人の悩みの内容によって異なります。

ですからセラピストがＴＦＴ療法を行う場合は、最初にその人に必要なタッピングポイントを洗い出す作業を行います。

ここで紹介した方法では効果を感じられないという場合は、ぜひＴＦＴ療法を実践しているカウンセラーやセラピストを訪ねてください。

・ＴＦＴセラピスト一覧（一般社団法人日本ＴＦＴ協会ホームページ）

https://www.jatfft.org/therapist

大事なのはチューニング

ＴＦＴ療法はトラウマによる不快感、怒り、不安などのネガティブな不快感情を緩和する大変効果的な方法ですが、より効果を高めるために重要なのは「チューニング」です。ＴＦＴ療法におけるチューニングとは、あなたが解決したい問題を頭の中で意識することです。

あなたを不快にさせる問題のことを思い浮かべるのは、少しつらいかもしれません。しかし、タッピングするつぼは脳とつながっており、つぼをトントンすると、あなたが不快に感じたりパニックを起こす脳の部分（思考場）をすぐに落ち着かせてくれます。

たとえば交差点で交通事故を目撃し、ひどくショックを受けてその交差点を渡ることができなくなったという場合、その事故のときの怖さや不安な気持ちに意識を向けながらつぼトントンを行います。

カウンセラーのもとでつぼトントンをするときは、カウンセラーが「それはいつのことですか？どこで起こりましたか？　あなたはどんなふうに感じましたか？」と問題から意識がはずれないように質問をしながら行ってもらいます。

3　TFT療法でトラウマを克服した人たち

ここからは、TFT療法でトラウマを克服した私のクライエントさんたちの事例を紹介します。プライバシーを守るために、設定や状況は変えています。

潔癖症を克服

Aさんはベテランの特別支援学校の先生で、ご自身の仕事に誇りを持って働いていました。Aさんの悩みは自分の潔癖症をなんとかしたいというものでした。

いつも職場に持って行く鞄があるのですが、Aさんは帰宅後、その鞄を自分の部屋に置くことがどうしてもできないというのです。帰宅すると玄関で服を着替え、鞄を濡れタオルで拭いてきれいにしてからでないと家に入れず、それが面倒でたまらないといいます。面倒ならやめればいいのですが、それができないのです。

話を聴いていると、Aさんは、仕事は好きだし誇りを持っているが、心の奥底では生徒たちを見下し不潔だと思っている。一方でそう思う自分も嫌だと思っている。だけど誰にもそんなことは言えず、ずっと1人で悩んでいたことがわかりました。

Aさんは、「自分を責めてしまうとき」のつぼトントン（73頁参照）で潔癖症を解消し、鞄を玄関で拭かなくても部屋に持ちこめるようになりました。

別れた男性への怒りを解消

Bさんは、一度離婚を経験。次につき合った人は妻子があるのに独身と偽っていたことがわかりました。Bさんはだまされたと思って、その妻子ある男性に対する強い怒りがおさまりません。また、幸せそうな家族連れを見ると、自分だけどうして幸せになれないのだろうとつらくて耐えられないといって訪ねてこられました。

Bさんは「怒り、イライラするとき」のつぼトントン（73頁参照）で怒りやつらさが解消し、また新しい出会いを探しますと笑顔で帰っていきました。

厳しい教授への恐れを解消

大学生のCさんは、卒論を書かなければなりませんでしたが、指導教授がとても厳しい人で、怖くてゼミにどうしても足が向かないといいます。無理に行こうとすると過呼吸になったり、動悸がして冷や汗が出たりするのだそうです。指導教授に助言をもらわなければ卒論は書けない、このままでは卒業できないと悩んでいました。

Cさんは、「不安なとき」のつぼトントン（72頁参照）で恐れを克服し、ゼミに行けるようになり、無事卒論を書いて卒業したそうです。

強迫症の克服

あなたは、何度も手を洗わないと気がすまない、出かけるときに、確かに施錠したはずなのに「鍵をかけただろうか」と気になって引き返して確かめずにいられないといったことはないでしょうか。このような「○○しなければならない」という不安は誰でもありますが、日常生活に支障をきたすようになると、強迫症とか強迫性障害と呼ばれる精神疾患の1つとなります。これも、ＴＦＴ療法で改善することができます。

薬剤の計量を何度もしないと気がすまない

ある化学薬品メーカーの生産工程で働く人がいました。彼は、工場のタンクに、ある薬剤を計量して投入する作業を担当していましたが、「分量を間違ってはいけない」という強い不安があり、何度も何度も計量せずにはいられません。すると彼の持ち場がボトルネックになって工程が進まず、生産に支障をきたしていました。そこでその会社の人事の人から「どうにかならないか」と私に相談がきました。

この方に聞いてみると、「自分でも後の人に迷惑だとわかっているけれど、何度も計量することをやめられない、理由はわからない」とのこと。おそらく何らかのトラウマが影響しているのだと思いますが、トラウマを探し当ててそれをいったん言葉にして外に出すという、従来の心理療法では必ず行われていたプロセスなしでも効果が表れるのがＴＦＴ療法の特長ですから、彼の場合もトラウマの原因探しは省略して、すぐにＴＦＴ療法に取りかかりました。

薬剤を投入するときの恐怖や不安を思い浮かべてもらいながら、ＴＦＴ療法ならではの方法で、施療すべきつぼのポイントを探していきました。彼の場合は、「強迫」に効くつぼ(さこつ下・目の下・さこつ下)が効果的だとわかったので、そこを中心につぼトントンをするとすぐに改善が見られました。そして、強迫症が改善されました。

今でも、薬剤を計量するときには緊張するそうですが、以前のように何度も測り直さなくても作業ができるようになったそうです。

乖離性遁走を発症した男性

ある大阪の企業から「従業員が失踪した」という連絡を受けました。警察に捜索願を出しましたが見つからず、結局2か月後に京都のマンガ喫茶にいるところを発見されました。ところが本人にはなぜ失踪したのか記憶が全くありませんでした。自分がマンガ喫茶にいることは認識していましたが、なぜここにいるのかわからないというのです。

これは、解離性遁走（とんそう）という症状で、強いストレスなどが原因となって起こるものです。解離性遁走は、突然遠く離れた場所に行き、行った先では普通に生活をしていますが、どうやってそこまで行ったのかを思い出せなくなります。強いストレス状態から自分を守るための行動の1つと考えられています。

会社の人に事情を聞いたところ、仕事が強いプレッシャーとなっていたのではないかとのことでしたが、ストレスの原因について細かく訊くよりも、まずはTFT療法を施しました。彼の場合は、不安のつぼを中心にタッピングを行うとともに、トリートメントポイントチェック（このケースにおいて必要なタッピングポイントを割り出すためのチェックテスト）をしたところ、アタッチメントのつぼの反応性もよく、タッピングを行うことで、職場の対人関係や業務に対する不安な気持ちを落ち着かせていきました。

過去は変えられないが未来は変えられる

これらの事例を聞いて「たったこれだけでトラウマが解消できるの？」と驚くかもしれませんが、すべて実話です。

ただ、つぼトントンで過去のつらい記憶がなくなるわけではありません。記憶そのものはあるのですが、つらい記憶とともにある不快感情が下がり、「それは過去のできごとだ」と冷静に眺めることができるようになり、「じゃあ、これからどうする？」と未来に意識を向けられるようになり身なのです。そこからが本当の回復です。そして、それができるのは、カウンセラーではなく、あなた自身なのです。

フラッシュバックによるパニックを解消

予断ですが、私は自身に突然起こったフラッシュバックに、ＴＦＴ療法で対処したことがあります。

私は小学生の時にいじめに苦しんだ経験があります。１３８頁でも述べますが、いじめは1年半ののちに解決し、私はこの傷つき経験をほとんど思い出すことなく過ごしていました。ところが何十年か経って、『ジョーカー』という映画を観ていたときに主人公がリンチに合うシーンで、映画館のスクリーンにオーバーラップするかのように自分がいじめられていたシーンがありありと現れたのです。

まるで今いじめが起こっているかのようなリアルな情景に驚きましたが、幸い私は、ＴＦＴ療法でセルフケアをする術を知っていたので、パニックに陥らずにすみました。

圧痛領域（64頁図②参照）を押し回すことで一旦、心が落ち着いていきました。それから「不安」「怒り」のつぼをトントンすることで改善させていきました。

ＴＦＴ療法は、人差し指と中指の2本でつぼをトントンするのが基本ですが、圧痛領域を押し回すこともとっさに気持ちを落ち着けたいときの緊急対策として覚えておくといいでしょう。

【第3章　まとめ】

・ＴＦＴ療法とは、身体のつぼを指先でトントンとタッピングするだけでメンタル不調が回復する奇跡のケア。
・ＴＦＴ療法は、ＰＴＳＤの治療にも効果的。従来のＰＴＳＤ治療ではつらい体験をあえて言葉にしなければならなかったが、ＴＦＴ療法はタッピングだけでＰＴＳＤを治療できるため、クライエントの負担も小さい。
・心理療法には、トップダウン処理の治療とボトムアップ処理の治療がある。ボトムアップ処理の治療は、身体を刺激しその刺激によって脳に影響を与える療法。ＴＦＴ療法もボトムアップ処理の治療の1つ。
・ガミュート（手の甲の小指と薬指のつけ根から1～2センチ下の骨の間）とＰＲ（手のひらの側面のまん中あたり）は、さまざまな症状に効く万能なつぼ。
・ＴＦＴ療法は、基本の進め方があるので覚えておけば、自宅でもセルフケアができる。
・ただ機械的につぼトントンをしただけでは効果は薄い。あなたが解決したい問題を頭に思い浮かべながら（これをチューニングという）タッピングすることがポイント。
・つぼトントンで過去の嫌な記憶が消えるわけではないが、冷静にそのできごとを眺められるようになり、「ではどうするか」と未来に意識を向けられるようになる。そこからが本当の回復。

第4章

「生きづらさ」から解放される入り口を見つける〜最新トラウマケア

この章では、最近注目されている、新しいトラウマケア、「ボディコネクトセラピー（BCT）」を紹介します。

1　ボディコネクトセラピー（BCT）

ボディコネクトセラピーとは

ボディコネクトセラピー（BCT）は、2010年代にトラウマケアの専門家である東京未来大学こども心理学部教授の藤本昌樹先生が開発した、最新の心理療法です。

BCTとは具体的にはどのような治療なのでしょうか。

これは、実際に体験していただくのが一番よいのですが、EMDR（Eye Movement Desensitization and Reprocessing：トラウマを思い浮かべながら、眼球を左右にリズミカル動かすことで、PTSDによる症状を改善する）や、SE（Somatic Experiencing：自律神経に働きかけPTSDの症状を改善する）、TFT療法などを採り入れた、身体から働きかける心理療法（ソマティックサイコセラピー）の1つです。

つまり、61頁で述べた、ボトムアップ処理の治療の1つです。

従来の治療法より短期間で効果が現れ、クライエントの負担も少ない

BCTは、従来の治療法では完治できなかったトラウマケアに明らかに効果がある治療法として注目されています。

ＢＣＴは、ＴＦＴ療法と同様、身体に直接働きかける療法なので、従来の心理療法やカウンセリングのように、トラウマのもとになったつらい体験を言葉で表現する必要がありません。また、従来の心理療法よりも短期間で明らかな改善が見られることが臨床結果からわかっています。さらに、活性化が出にくく、解離を起こしにくいように工夫されていることも特長です。

ＢＣＴは、研修を受けた専門のセラピスト（ボディコネクトセピスト）のもとで受けることができます。ウェブサイトにリストがありますので、お近くのクリニックを探して訪ねてみてください。

・「ボディコネクトセラピー（ＢＣＴ）とは」ウェブサイトよりＢＣＴ治療者リスト
https://bodyconnecttherapy.tokyo/home/

効果が出るしくみ

ボディコネクトセラピーの特徴は、クライエントを苦しめているトラウマ記憶を安全かつスムーズに処理できる点です。通常、脳は新しく体験したことを処理して膨大な記憶に組み入れ、その記憶を「過去のできごとの１つ」にします。

この処理によって私たちは「つらいことはあったけど、それは終わったこと」と決着をつけることができます。

しかしあまりにも衝撃的なできごとを体験すると、脳は記憶を処理できなくなります。トラウマをつくった記憶は、10年20年経っても恐怖や苦痛、体験時に感じた身体の感覚を生々しく保ったまま脳にとどまります。クライエントはその記憶を何度も想起し、当時の状況や感情、身体の感覚を鮮明に再体験（フラッシュバック）したり、悪夢を見たり、動悸や過呼吸などさまざまな身体症状に苦しむPTSDに悩みます。

トラウマ体験を思い出しているとき、感情をつかさどる右脳が興奮し、記憶をつかさどる左脳の活動が相対的に低下しています。この左右の脳のアンバランスな状態が、記憶の処理をはばむ一因と考えられています。トラウマは脳に大きな負荷となっているのです。

BCTで身体に働きかけることにより、「身体に安心感が生まれる↓心も安心感を得る↓脳にかかっている負荷が軽減される」というプロセスを経て、脳に保管されているトラウマ記憶を恐怖や苦痛を伴わない普通の記憶の1つへと処理します。（参考：『心の傷を消す音楽CDブック　聴くだけで不安・心配・悲観がなくなる』藤本昌樹 著　マキノ出版）

事例／自責の念にさいなまれる訪問看護師

Dさんは、ある施設で従事するベテラン訪問看護師です。利用者さんにいつも寄り添い、熱心にその仕事を全うする50代の女性でした。

ある日Dさんは、私のカウンセリングの予約を申し込んできました。話を聞くと、利用者さんのご自宅が火災になり、痛ましいことにDさんが担当していた利用者さんがその火災で亡くなったとのことでした。

実はその火災は利用者さんの失火ではなく、放火事件で犯人も逮捕されたそうです。利用者さんはもちろんのこと、Dさんも当然何の責任もありません。

しかし、Dさんは「もし私があの日に訪問看護で訪ねていたら、火災を止められたかもしれない」と自分を責めていました。

火災があった日は訪問日ではありませんし、Dさんに放火犯を止める責任もないことは明らかです。でもDさんは自分の責任だという思いが拭いきれずに、とうとう、うつ病を発症し休職になってしまいました。

しばらく休職し、その後復職を果たしたDさんでしたが、「仕事はできても悪夢を見るので落ち着かないし安眠できない」と相談に来られました。

これはまさにトラウマ記憶ですね。そこで私はセッションの中でBCTを施療してみることにしました。

Dさんには、そのできごとや悪夢のことを思い浮かべてもらいながら、ポインターの先端を目で追いかけてもらい、7か所のつぼを順番に押してもらうなど、BCTならではのプロトコルで施療をしました。すると、徐々にDさんは以前の状態を取り戻していきました。

BCTは、トレーニングを積んだBCTセラピストの指導のもとで安全に行いますので、詳しい手順はBCTの正式登録をしているセラピストにお尋ねください。

【第４章　まとめ】

・ＢＣＴ（ボディコネクトセラピー）は、２０１０年代に開発された最新の治療法。
・ＢＣＴは、身体から脳に働きかけるボトムアップ処理の治療法の１つ。
・ＢＣＴは、従来の治療法では完治できなかった人にも明らかに効果があるＰＴＳＤの治療法。
・ＢＣＴの施術ができるのは研修を受けた専門のセラピスト（ボディコネクトセラピスト）だけ。

※ボディコネクトセラピーとは
・ボディコネクトセラピーは、従来から効果的であった心理療法のエッセンスに、全く新しい概念を加えて考え出した身体から働きかける心理療法（ソマティックサイコセラピー）です。トラウマは情報とエネルギーとして、脳だけでなく身体にも残されています。身体感覚(フェルトセンス)に注意を向けることで、脳と体をつなぎ、トラウマのエネルギーをペンデュレーション、タッピング、眼球運動、アフォーメーション、タッチセラピーなどを用いて、体から解放（discharge)していきます。その概念は1つひとつ科学の裏づけがなされています。特徴は1つひとつのトラウマ記憶の処理にかかる時間が圧倒的に短いこと、活性化が出にくいこと、解離を起こしにくいように工夫されていることなどです。

（Body Connect Therapy ホームページ：https://bodyconnecttherapy.tokyo/home/ より引用）

第5章　日常的なセルフケアの習慣

第3章、第4章では、トラウマケアについて紹介してきました。ここからは、トラウマケアに限らず、自分でできるストレス対処法を紹介します。心身に不具合が生じる前に、日ごろからセルフケアを習慣化し、ストレスを上手にコントロールしましょう。

1　ストレス反応に気づこう

ストレス反応が出ているとき

日常的にストレスにさらされると、頭痛、めまい、吐き気、耳鳴り、下痢や便秘といったストレス反応が起きることがあります。

やがて体がだるい、身体のあちこちが痛い、食欲が変化した（食欲低下や過食など）、夜眠れない、朝起きられない、何もかも嫌になるといった症状が出てきます。

しかしこれらは、正常な身体の反応です。決して異常ではありません。

前記のような反応が出ているときは、かなりストレスがたまっているのだと自覚して、休養モードに入ることが第一です。第３章で紹介したＴＦＴ療法もストレス軽減の有効な方法です。

そして、１人で抱え込まず誰かに相談することです。

相談するときは、あなたにとって安全・安心な場所で、信頼できる安全・安心な人に相談しましょう。あなたを批判するのではなく、励ますのでもなく、ただ寄り添って話を聴いてくれる人です。

もし身近に思い当たる人がいなければ、カウンセラーを利用することもぜひ選択肢に入れてください。これについては第６章で詳しく説明します。第１章でも述べましたが、風船がしぼんでもとに戻らなくなる前に、対処することが重要です。

2　脳内のストレス解除ホルモンに働きかけよう

幸せホルモンとストレスホルモン

幸せホルモン、ストレスホルモンという言葉を聞いたことがあるでしょうか。幸せホルモンとは、セロトニン、オキシトシン、エンドルフィンです。ストレスホルモンとは、コルチゾール、アドレナリンです。

ストレスに対処するためには、幸せホルモンを分泌させ、ストレスホルモンを分泌させないことがポイントです。

決して難しいことではなく、日常生活の中でできることばかりですのでぜひ覚えて実践してください。

アドレナリンは劇薬

脳には扁桃体という場所があり、ここがストレスのセンサーのような働きをしています。ストレスを感知するとストレスホルモンであるコルチゾールやアドレナリンを分泌します。

「え？　アドレナリンってストレスホルモンなの？」と思った人もいるかもしれません。アスリートが好プレーをするためにはアドレナリンが欠かせないという側面もあるからです。しかしアドレ

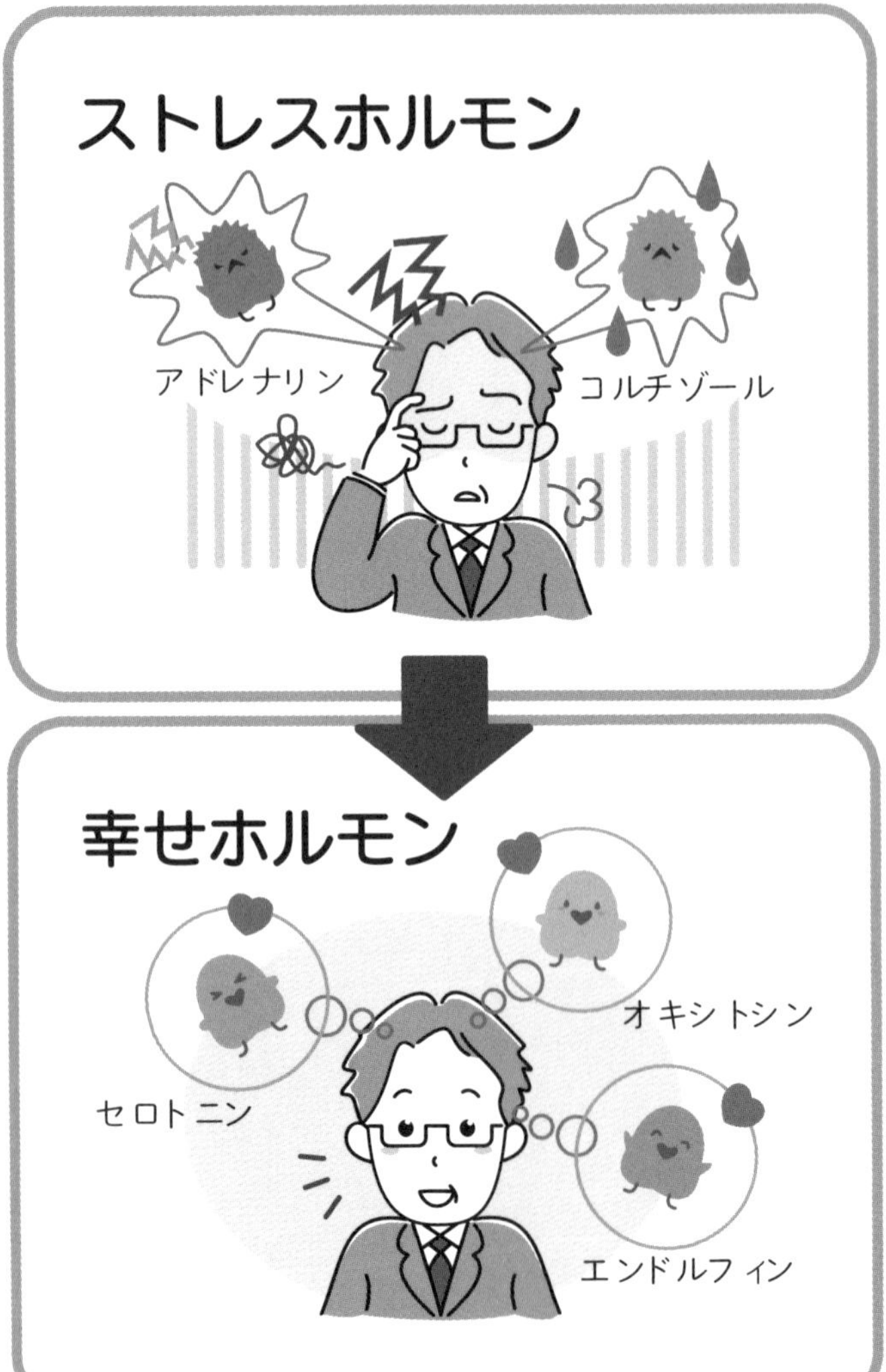
ストレスホルモン
アドレナリン
コルチゾール
幸せホルモン
オキシトシン
セロトニン
エンドルフィン

ナリンは本来は劇薬で、出過ぎるのは身体にはよくないのです。

そもそもアドレナリンは、動物がピンチに瀕したときに猛ダッシュで逃げたり闘うためのブースターのようなもの。多少、身体を痛めるかもしれないが死ぬよりはましという状況で出るものです。火事場の馬鹿力という言葉もありますが、生死にかかわる場面で思いもよらない力が出たりするのもアドレナリンのおかげです。

しかし、日常生活では慢性的にアドレナリンが出るような状態は決してよい状態ではないのです。ストレスホルモンではなく、幸せホルモンがたくさん分泌される生活を意識しましょう。

セロトニンを高める生活習慣

セロトニンには、

・精神を安定させる
・身体や脳を活発にする
・気分をポジティブにする

という働きがあります。

また、体内時計と深いかかわりがあります。

セロトニンを高めるためのポイントは、「日光浴」「リズム運動」「バランスの取れた食事」「笑顔」の４つです。１つずつ説明しましょう。

●日光浴

朝、明るくなったら起きて、夜暗くなったら寝るという生活を心がけましょう。

仕事の都合もあると思いますが、可能な限り昼間は太陽の光を浴びてください。夏場は熱中症に気をつけて30分程度、冬場は30分以上、日光に当たりましょう。外に出られない場合は窓から光を浴びるのでもかまいません。出勤時に歩くだけでも十分です。

人は、朝日を浴びると体内時計がリセットされ、身体のリズムを整えてくれることがわかっています。体内時計が乱れると自律神経やホルモン分泌の乱れが生じ、身体にさまざまな不調をきたします。

また、日照時間はうつ病に影響を与えることがわかっています。リトアニア（バルト三国の最も南にある国）は世界1位の自殺大国ですが、その原因は日照時間が短いことも要因だといわれています。このことからも、メンタルヘルスの維持のためには太陽の光を浴びることが大事だとわかりますね。

●リズム運動

リズム運動とは、一定のリズムで同じ動きを繰り返すことです。ウォーキングやサイクリング、食べ物をリズミカルに咀嚼することもリズム運動になります。要するに一定のリズムで筋肉を動かせばよいのです。

5分〜30分程度の短時間でも効果はありますが、集中して行うことがポイントです。

●バランスの取れた食事

1日3回規則正しく、バランスの取れた食事を摂ることは、健康な生活を送るための基本中の基本。特にストレスケアに効果的な栄養成分は、タンパク質・鉄分・ビタミン・ミネラルです。

さらに、メンタルヘルスのためにはトリプトファンを含む食品がおすすめです。なぜなら、トリプトファンはセロトニンの材料になるアミノ酸で、抑うつを防ぐ効果があるからです。

トリプトファンを多く含む食品は、魚（マグロ・カツオの赤身）、肉、乳製品、玄米、そば、バナナ、ブラックチョコレートなどです。コンビニでも手に入る手軽な食品にも多く含まれるので、ぜひ積極的に摂りましょう。

気分が落ち込んで、買い物とか料理をするどころではないという場合でも、食事を抜かないでください。コンビニのレトルト食品や冷凍のお惣菜は種類が豊富で、栄養素もパッケージに明記されているので、バランスのよいものを常備しておくといいでしょう。

●笑顔

「笑い」が身体やメンタルの健康によい作用をもたらすことは、医学的にも証明されています。笑うと、呼吸が活発になって酸素が身体に取り込まれて血行が促進され新陳代謝が高まります。顔の表情筋や腹筋、横隔膜などが動くので筋力アップにもつながります。

友だちとおしゃべりしたり、テレビでお笑い番組を観たりして、笑顔を絶やさないようにしましょう。

セロトニンを高める生活習慣

日光浴

外へ出るのが難しくても、窓際で日光浴をするだけでも OK！ 30 分程度を目安に。

リズム運動

一定のリズムで同じ動きを繰り返す。
5 〜 30 分など、短時間でもいいので、集中して行うことがポイント。

バランスの取れた食事

とくに魚 (マグロ・カツオの赤身)、肉、乳製品、玄米、そば、バナナ、ブラックチョコレートなどトリプトファンを多く含む食品を。
トリプトファンの摂取量と抑うつ状態は関連！

笑顔・笑う

友達とおしゃべりしたり、お笑い番組を観たりするときの「本物の笑顔」はもちろん、「つくり笑い」でも OK！

「笑えるような面白いことなんかない」と言う人は、つくり笑いでもかまいません。顔などの筋肉が動くことで脳が刺激され、セロトニンが分泌されることがわかっています。

オキシトシンを高める生活習慣

オキシトシンは別名「愛情ホルモン」ともいわれています。その名のとおり、

・愛情や信頼感を形成
・心に安らぎをもたらす
・不安を軽減する

など、愛情に関する働きをしてくれます。

オキシトシンを高めるポイントは「人との交流」「好きなものや人を見る」「スキンシップ」「動物との触れ合い」です

●人との交流

家族や恋人、親しい友人と顔を合わせて会話したり、コミュニティーに所属したりして、人への愛情を感じる機会を持つことで、オキシトシンが分泌されます。

●好きなものや人を見る

好きなものや人を見ることで、五感が刺激されオキシトシンが分泌されます。

気持ちが落ち込んでいて、外に出たり人に会う気になれないというときは、好きなアーティスト

オキシトシンを高める生活習慣

人との交流

家族や恋人、親しい友人と顔を合わせて会話したり、コミュニティーに所属したりして、人への愛情を感じる機会を持とう。

好きなものや人を見る

好きなものや人を見ることで、五感が刺激されオキシトシンが分泌される。

スキンシップ

お腹や腕をなでたり、手で顔をおおったりするなどの「皮膚刺激」。
自分で自分に触れる「セルフタッチ」も有効!

動物との触れ合い

動物と触れ合うことで気持ちが落ち着く。
アニマルセラピーとしても活用されている。

の写真や動画を見るだけでもかまいません。現実の人でなくても効果はあるのです。

●スキンシップ

お腹や腕をなでたり、手で顔をおおったりするなどの「皮膚刺激」はオキシトシンの分泌を盛んにします。恋人や家族とのスキンシップだけでなく、自分で自分に触れる「セルフタッチ」も有効です。マッサージやエステも効果的です。

●動物との触れ合い

動物と触れ合うことで、気持ちが落ち着きます。医療や介護の現場でも、精神の安定を目的とした「アニマルセラピー」が行われています。

実際に動物を触らなくても、「かわいい」という気持ちが起これぱオキシトシンは分泌されます。動画サイトで動物を見るだけでもＯＫです。

エンドルフィンを高める生活習慣

エンドルフィンは、

・気分を高揚させる
・快感、幸福感が増加
・痛みをしずめる

という働きがあります。「脳内モルヒネ」とも呼ばれていて、「ランナーズハイ」の状態はエンドルフィンが活発に分泌されているときに起こります。

エンドルフィンの分泌を促すポイントは「有酸素運動」「好きなものを食べる」「植物を育てる」です。

●有酸素運動

有酸素運動とは、身体への負荷が少なく長時間続けられる運動のことで、水泳、ジョギング、サイクリング、縄跳び、ダンス、ボクササイズなどがあります。少し息が上がるくらいの有酸素運動を30分以上続けることがエンドルフィンの分泌に効果的です。

週に数回、連続でなく少しずつでも効果があります。

●好きなものを食べる

好きなものを食べるとハッピーな気持ちになりますよね。そんなときはエンドルフィンも盛んに出ているのです。ただし、暴飲暴食は健康を損ねてしまうことになるのでご注意を。

食べ物の中でも辛いものを食べると、エンドルフィンが活発に出ることがわかっています。辛いものを食べる↓エンドルフィンが出て幸せな気持ちになる↓もっと辛いものが食べたくなるというサイクルが回り始めます。いわゆる「やみつき」というやつですね。ただ、行き過ぎると胃が荒れたり喉を痛めたりするのでほどほどにしましょう。

●植物を育てる

植物を育てると、芽が出た、つぼみがふくらんできた、花が咲いた！　など、日々の成長を比較

エンドルフィンを高める生活習慣

有酸素運動

多少、息が上がるくらいの有酸素運動を 30 分以上続ける。週に数回、少しずつでもＯＫ！

好きなものを食べる

好きなものを好きなだけ食べる！
ただし、暴飲暴食にはご注意。
オススメは、辛いものを食べること。

植物を育てる

「つぼみがふくらんできた！」など、些細なことに喜べる感覚が磨かれる。
※花に限らず、身の回りの“小さな幸せ”を楽しむようにすることがコツ！

的短期間に実感することができます。

自分で育てたものが成長していく姿を見ることで小さな達成感や自己肯定感を持つこともできます。「園芸療法」という心理療法も確立していて、医療現場や高齢者施設、障害者施設等で実践されています。

植物だけでなく、メダカを育ててもいいですし、身の回りの〝小さな幸せ〟を楽しむことを習慣にするといいでしょう。

リラクゼーション・気分転換の方法

心身をリラックスさせることで、ストレスホルモンを減らし、幸せホルモンを増やすことができます。ポイントは「呼吸法」「睡眠・入浴」「肯定的な自己宣言」「アロマ」です。

●呼吸法

身体の状態と呼吸には密接な関係があります。

たとえば、深くてゆっくりした呼吸をすることで、緊張がほぐれ、気持ちを落ち着けることができます。

ふだんは無意識にしている呼吸ですが、意識してコントロールすることで、心身のリラックスを促すことができます。

さこつ呼吸法（75頁）も有効です。

●睡眠・入浴

睡眠中は、脳が不必要なストレスや記憶を消去してくれます。また、睡眠中は副交感神経が活発になりリラックス効果が期待できます。

1日の終わりの入浴タイムもリラックスに有効です。香りのよいバスソルトやアロマオイルを使用して快適なバスタイムを楽しみましょう。ぬるめのお湯にゆっくりつかることで血行が促進され、疲労回復にもなります。

●肯定的な自己宣言

自分自身に対して、「ポジティブ宣言」をし、日々その言葉を語りかけましょう。要は、自分で自分の応援団になるのです。

言葉に出すことで、それが自分自身の考えとなり、行動に移すことができます。

私のポジティブ宣言は、「できない(合理的な説明がつく)理由がない」です。これを日々自分に言って聞かせています。

世の中に起こっていることってたいてい誰かがやっていることです。その人にできて私にできない理由はない。人に「君には無理だ」と言われても知ったことではありません。「私はできる」「できない理由がない」と自分を励まします。

実際には、できないことは多くあります。むしろできないことが多いのが事実です。でも、最初から「できない」と思ってしまってはせっかくの機会が巡ってきてもチャンスを逃します。「やらない後悔よりはやる後悔」です。

今回本書は、機会を得て私にとって初の書籍執筆となりました。ただいま絶賛〝やる後悔〟中です（笑）。小学校の作文すら苦手だった私が、仕事の傍ら執筆など、こんなに大変なこととは想像以上でした（笑）。でも、これも「できない理由はない。私はできる」です。

やってみて結果的にできないことは、できなかった要因の検証ができ、次に活かせますが、やらないとそれすら手に入りません。ですから、やる前から「できない理由がない」とポジティブに宣言するのです。

ただし、浅慮にできないと思うのではなく、「熟考してみて、私はそれはやりたくないのでやらない」を主体的に選択することはあります。

声に出して言うことが大事です。私の声を私の耳で聞いてそれが脳に伝わり、脳は本当にそうだと思い込むからです。

●アロマ

よいにおいは単純に心地よいものですが、においが私たちの感情に影響を与えることは医学的にも証明されています。

たとえば、ラベンダーが持つ効果にはさまざまなものがあります。中でも最もよく知られている効果は、鎮静作用や安眠効果です。

これは、ラベンダーに含まれている「酢酸リナリル」と「リナロール」という成分が働いているからだと考えられています。

酢酸リナリルにはさらに、心身の安心感や幸福感に大きく影響する神経伝達物質「セロトニン」の分泌を促し、心身をリラックスさせる働きもあるため神経の高ぶりによる不眠もリラックスすることでケアできます。

リナロールは　主に不安の緩和をしてくれます、またその作用はマイルドで穏やかです。ストレスによる感情の不安定や不眠など精神的なことが原因の疾病を予防するための強い味方となってくれるわけです

ラベンダーのほかに、ローズ、ベルガモットもストレス緩和に効果があります。

3　自分なりのストレス対処法を見つけよう

気持ちが沈む前に見つけておく

ストレスの原因は人それぞれ異なります。それと同様、ストレス対処法も人それぞれです。ある人には効果がある方法があなたにも有効とは限りません。

比較的気持ちが元気なうちに、あなたなりのストレス対処法を見つけておきましょう。気持ちが沈んでしまってからでは何をするにも気力がないので探す元気もなくなるからです。

コーピングの種類

ストレス対処法のことを「コーピング」といいます。

次頁の図は、コーピングの種類を、「積極的対処↑↓消極的対処」、「問題へフォーカス↑↓情動へフォーカス」の2軸でマッピングしたものです。

どのような場合にも有効なコーピングは休息です。

ストレスによる落ち込みや抑うつ状態が比較的軽度なら、積極的に問題にフォーカスして対処するのが適しています。たとえば人間関係が問題になっているのなら「対人スキルを強化する」、仕事が遅くて叱られるのがストレスなら「業務スキルを向上する」といった具合です。

転職や引越しなど環境を変えることや、夜型の生活を朝方に変える、つき合う友達を変えるなども積極的な対処法です。

「回避・距離を取る」という対処法も、決してネガティブな意味での消極的対処法ではなく、問題から離れて、実害が出る前にリスクを回避するという主体的な対処法です。

消極的かつ情動へフォーカスする対処法には「忘れる」「我慢する」があります。一時的には有効なものの、恒久的にはできません。我慢することがまたストレスのたねになるかもしれません。

「アルコール、ギャンブル」も一時しのぎで根本的解決にならないばかりか、依存症のリスクもあります。積極的かつ情動へフォーカスするコーピングは、リラクゼーションや気分転換、認知の調整があります。認知の調整については112頁で説明します。

コーピングの種類

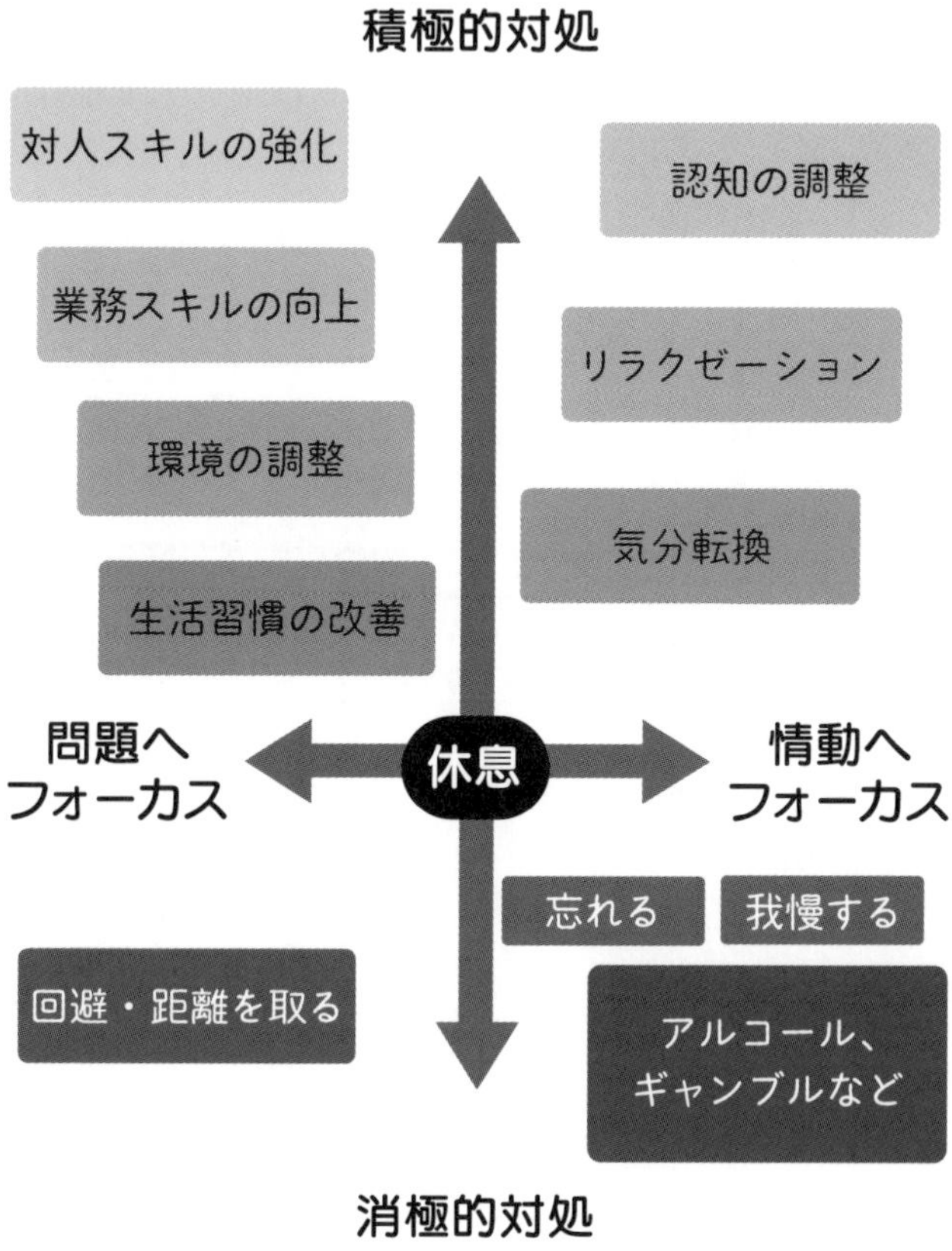
積極的対処
対人スキルの強化
認知の調整
業務スキルの向上
リラクゼーション
環境の調整
気分転換
生活習慣の改善
問題へ
フォーカス
休息
情動へ
フォーカス
忘れる
我慢する
回避・距離を取る
アルコール、
ギャンブルなど
消極的対処

自分の好きや興味を追求しよう

何も対処法がないと、推し活をする気力も、外に出る気力もわかず、人と交流したりスキンシップをすることもなく、どんどん幸せホルモンがストレスホルモンの勢力に負けていきます。

何も対処法を思いつかないという人は、自分の好きなことがない、あるいはかつては好きなことがあったのに忘れてしまっている可能性があります。

少し立ち止まって、自分の「好きなことや興味のあること」について考える時間を持ちましょう。

仕事ばかりで忙しくしてきた人は、いつも会社や取引先など、人のために時間を使ってきたのではないでしょうか。自分のために時間を使いましょう。自分を大事にしましょう。

ストレス対処法とは、まさに自分を大事にすることなのです。

認知の調整

ストレスへの積極的な対処法の1つとして、「認知の調整」も知っておいてください。

「認知の調整」とは、ストレスを生じさせている原因（ストレッサー）を把握して取り除いたり、自分の物事のとらえ方や考え方の癖（認知）を知り、それを変えたりすることで、ストレスを和らげることです。

たとえば、時間に追われることがストレスの原因だと自己分析したら、何でも早め早めに取り組むことでストレスを回避する、あるいは、人に注意をされると「自分がダメだから注意された」と思っ

認知の調整の例
（とらえ方を変える）

またしかられた…	期待してくれているんだ
陰口を言われている気がする	私がすご過ぎるからうわさになってる！
自己主張が苦手	奥ゆかしい自分ってステキ！
営業目標がプレッシャーだ	目標達成できたらもうけもの
どんくさい私ってダメだ！	物事を１つひとつゆっくりしっかり体感できる人だ
私ってわがままかな…	自分に正直にまっすぐ生きられる私ってステキ
何をやってもうまくいかない	向上心が強すぎて現状に満足できないだけ
空気を読めないって言われた…	私らしく自由に生きられる人
飽きっぽくて何をやっても続かないなぁ…	次々と新しいことを発見して行動できる挑戦者
優柔不断で困る	物事を多面的に見られて柔軟性がある！

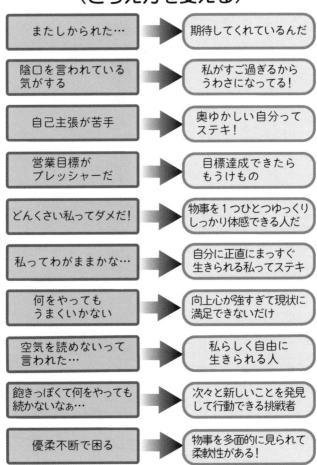

て落ち込んでしまう人は、「注意された」ではなく「期待してくれているんだ」ととらえ方を変える、などです。

認知の調整を行うためには、まず、自分にとってストレッサーは何か、自分にはどんな認知があるのかを、自己分析・自己評価する必要があります。1人では難しい場合は、カウンセラーを訪ねたり、身近な人に協力を求めるのもよいでしょう。

4 人に助けを求めることもセルフケア

「話す」は「手放す」

悩みを誰かに話したことで、心が軽くなった経験はありますか？　悩みが解決したわけではないけれど、聞いてもらっただけで、頭の中のもやもやがすっきりしたり、前向きな気持ちになれることは誰にでもあるはずです。

「話す」とは、自分が抱えている問題を「手放す」こと。手放せば心に少し隙間ができ、一息つくことができます。「どうせわかってもらえない」「そのくらいで悩むなんておかしいと言われるともっと傷つく」という不安があるのはわかります。聞き手は選ばないといけませんね。

でも、必ずあなたのこころの痛み（精神痛）を理解し、寄り添ってくれる人はいます。どうかあきらめないでください。

ソーシャルサポートを活用しよう

ソーシャルサポートとは、「同僚や上司、家族、友達など、あなたの身の周りの人たちによる支援」のことです。愚痴を聞いてもらったり、励ましてもらったり、アドバイスを受けたり、遊びに誘ってもらったり。要するに人とのつながりを持つことで、心が軽くなったり、またがんばろうと思えるなど、ストレスや困難に対処するための心理的な支えとなります。

孤独・孤立は、ストレスの原因となり、さまざまなメンタル不調や、身体の不調をもたらします。会社だけでなく、趣味のグループや推し活仲間など、さまざまなコミュニティーに参加して、人とのつながりをつくることは、ソーシャルサポートの観点からもとても大事です。

5　ケアが必要なとき

休日も休めなかったEさん

私は顧客先企業の従業員の方を対象にカウンセリングをしています。私のもとには、長時間労働で抑うつ状態になっている人がたくさん訪ねてきます。

Eさんはとてもまじめな人でした。会社では長時間残業や休日出勤が禁じられているので密かに仕事を家に持ち帰り、毎夜遅くまで仕事をし、土日も休まず仕事をしているという状態でした。それで体調を崩して私のもとに訪れたのです。

私はEさんに尋ねました。「あなたがその仕事をしなかったらどうなるのですか?」。Eさんは、「査定に響いて出世ができなくなる」と憔悴しきった顔で答えました。

「では、あなたは出世したいんですか?」と訊くと「したくない。けど、賞与査定に影響するかも」と言います。「じゃあ、出世は関係ないじゃないですか。賞与は一番もらう人ともらわない人とではどのくらい差があるの?」と訊くと、「10万円くらい」。「その10万円がないとあなたの生活は破綻するのですか?」「しません…」「じゃあ、土日に仕事をしないで困ることって他に何がありますか? あなたはうつ病になりかかっているかもしれないですよ。このままでは倒れますよ。1回、思い切って土日に休んでみてはどうですか?」

Eさんは「え、休んでいいんですか?」「当たり前です。会社は土日は休みでしょう? 本当は仕事をしてはいけないんですよ」と私は言いました。

休んでも悪いことは何もなかった

Eさんはようやく休む気持ちになり、「休んで何がしたいですか?」と訊くと「旅行がしたい」と言いました。「いいじゃないですか。ぜひ実現しましょうよ」と、その日のカウンセリングでは、2人でスマホを使って旅程を決め、行先を決めました。

土日に旅行をしてきたEさんは、翌週見違えるように元気になってカウンセリング室にやってきました。

「ものすごくリフレッシュできました」と表情も活き活きとしています。「で、放ったらかしていた仕事はどうなったの？」「あ、あれですか、帰ってきたその週の平日のうちに終わりました」「査定は？」「変わりませんでした」

リフレッシュしてエネルギーをリチャージしたら効率よくさくさく仕事がはかどったというわけです。あれだけ切羽詰まった顔で土日も休まず働いていた日々は何だったのでしょうか。

追い詰められているときこそリフレッシュ

実はEさんのような人は少なくありません。

仕事に追い詰められて心理的に近視眼的になり、「どうしても休めない」と思い込んでいる。でも、土日も働いたらあなたのプライベートな時間はどうなるのでしょうか。家族と過ごす時間は？　あなたは会社のために生きているのですか？　仕事のためにだけに生まれてきたのですか？　そうではないはずです。

優先順位を見直してみましょう。一番大事なのは何ですか？　まず自分ですよね。もっと自分を大事にしましょう。次に大事なのは？　家族ですよね。仕事にかまけて家族のことをないがしろにしていないでしょうか。

忙しくて追い詰められている、心に余裕がない。そんなときこそリフレッシュして、自分を取り戻しましょう。

【第5章　まとめ】

・ストレス反応を自覚したら、早めに休養モードに入ろう。
・ストレスホルモンを減らし、幸せホルモンがたくさん分泌される生活を心がけよう。
・幸せホルモンは、セロトニン、オキシトシン、エンドルフィンの3つ。
・セロトニンは、精神を安定させ、身体や脳を活発にし、気分をポジティブにしてくれる。
・セロトニンを高めるには、日光浴やリズム運動、バランスの取れた食事、笑顔の生活が効果的。
・オキシトシンは、愛情や信頼を形成し、心に安らぎをもたらし不安を軽減する。
・オキシトシンを高めるには、人との交流やスキンシップ、好きなものや人を見る、動物との触れ合いが効果的。
・エンドルフィンは、気分を高揚させ、快感や幸福感を増し、痛みをしずめる。
・エンドルフィンを高めるには、有酸素運動や好きなものを食べる、植物を育てるなどが効果的。
・気持ちが元気なうちに、自分なりのストレス対処法を見つけておこう。
・昔好きだったことを思い出し、自分の「好き」や興味を追求しよう。
・なんでもネガティブに解釈しがちな人は、ポジティブにとらえ直し（認知の調整）ストレスを回避しよう。
・自分では手に負えないときは、人を頼ることも大事なセルフケア。

第6章　カウンセリングのすすめ

第5章でセルフケアの方法を紹介しましたが、セルフケアだけでは手に負えないときはぜひカウンセラーを訪ねてください。メンタル不調がひどくなる前に。このくらい大丈夫、と放置するのはやめましょう。これは現代人の新常識です。

1　カウンセリングを受けよう

本書を手に取ってくださったあなたは、何らかのストレスを感じていたり、生きづらさに悩んでいる方だと思います。せっかく本書を手に取ってくださったのにこんなことを言うのは酷かもしれませんが、本1冊だけですべてを解決するのは不可能です。

つらいときは、身近な人に相談したり、相談する人がいなければカウンセリングルームや病院を訪れることも、セルフケアの1つです。

大事なことは、あなた自身が主体的にその方法を選び、実際に行動することです。

私は常々不思議に思っているのですが、みなさんは、風邪を引くと病院に行きますよね。歯が痛かったら歯医者に行きますよね。決して自分で治そうとはしないのではないでしょうか。

それなのになぜ、メンタル不調の場合は病院やカウンセリングに行こうとはせず、自分でなんとかしようとするのでしょうか。

メンタル不調も身体の病気と同じです。自分で手に負えなければ病院に頼っていいのです。いいえ、頼ってください。1人で抱え込むのが一番よくありません。

セルフケアの方法として、「カウンセラーを探してカウンセリングを受けに行く」ということもぜひ加えてください。近くにカウンセリングサービスがなければ、近年はオンラインカウンセリン

ても大事です。

グを実施しているところも増えてきましたので探してみてください。1人で抱え込まないことがと

カウンセリングを受けづらい理由

日本では、カウンセリングを受けることに抵抗がある人が少なくありません。

その理由はいくつかあると思います。

1つは、日本人に多い「人に迷惑をかけてはならない」という意識です。だから、人に相談することができない。自分でなんとかしなければと思ってしまうのです。

日本では子どもに「人に迷惑をかけることはしてはいけない」と教える親が多いでしょう。「何事においても周りへの配慮を欠かさないこと」が、日本人にとっては1つの美徳となっています。

一方、インドではこのように子どもに教えるのだそうです。「あなたは人に迷惑をかけて生きているのだから、人のことも許してあげなさい」と。冷静さと寛容さを持って生きていきたいですね。

カウンセラーに頼る自分は弱い、負けだ（何と闘っているのだ?）、人に迷惑をかけている、とネガティブに感じてしまう人も多いです。日本人は特に「恥」の観念が強く、世間体を気にして、メンツを必要以上に重んじる傾向が強い人が多いこと！

費用の問題もあります。子どもの小学校・中学校では無料でスクールカウンセラーを利用できますが、一般的にクリニックでのカウンセリングは自由診療なので、1回1万円～と高額です。心を

病んで休職しているような人であればなおさら経済的負担感は大きいはずです。

悪くなってからではなく、悪くならないためにカウンセリングへ

また多くの人は、カウンセリングは特別なものと思っていて、よほどのことでなければ行ってはいけないと勘違いしていますし、病気になってから使うものと思っています。でも本来は、病気にならないためにやるものです。重篤になって薬や入院が必要になる前に行ってほしいのです。

たとえて言えば、精神科医とカウンセラーは、歯科医と歯科衛生士のようなものです。虫歯を治すのが歯科医なら、虫歯にならないように歯磨き指導や歯石ケアをするのが歯科衛生士です。メンタルも、治療を行うのは精神科医ですが、精神疾患にならないようにケアを行うのがカウンセラーです。

歯の健康のために歯科衛生士にケアをしてもらうのと同じように、カウンセラーにケアをしてもらうことを考えてほしいと思います。

2　精神疾患は恥ずかしいことではない

精神疾患とは

精神疾患とは、ストレスに対する脳の反応で、一種の生理反応です。生理反応とは、暑いと汗が

出る、食べたら排せつするといったことです。いわば誰にでも起こる自然現象なので、恥ずかしいことではありません。

しかし、世の中には、精神科にかかるとか、精神疾患に対して、恥ずかしいとか強いネガティブな感情（これをセルフ・スティグマといいます）を持っている人が少なくありません。

ただ、これも年代によって随分変わってきていて、今、適応障害などの診断書を医師からもらって会社を休職する人は増えています。

若い人は、命をけずってまで滅私奉公で働こうとは思っていません。ただし、嫌な仕事から目を背け、問題から逃げるために安易に休職することのデメリットもありますので、嫌だから診断書をとって休むのではなく、休む必要があれば適切に休むということです。

『苦しみは、逃げ惑いなば襲い来る、立ち向かいなば朝露のごとし』これはわたしの恩師、ブリヂストンスポーツ関西販売株式会社（現・ブリヂストンスポーツ株式会社）社長・コトハナセミナー主宰の故木下通之先生から教わった言葉です。

3　カウンセリングをおすすめする理由

なぜカウンセリングがよいのか

カウンセリングに抵抗があるという人のために、なぜカウンセリングがよいのかをお話ししましょう。

①早期発見、早期対処

身体の健康のためには、早期発見、早期対応が大事です。メンタルヘルスだって同じ。このくらい大丈夫、と放ったらかしにしておくと、悪化してしまう可能性があります。わざわざ悪化するのを待つ必要はありません。

「この程度のことで行っていいんでしょうか」と不安かもしれませんが、「このくらいで来たんですか…」というカウンセラーは誰もいません。「行っていいんだろうか」と自覚できているうちに早く行ってください。

②費用面も結局お得

カウンセリングはお値打ちなことはあってもお安いとはいいがたいですね。しかし、重篤になった場合、多くのケースで長期療養になりがちで、薬をもらったり入院するようなことになったらもっと費用がかかります。会社に行けなくなって休職するようなことになったらさらに大変です。収入が大幅に減ってしまうのですから。

そんなことになるくらいなら、カウンセリング料など安いものではありませんか。

③セルフケアができるようになる

カウンセリングでは、カウンセラーといっしょに問題に向き合い、問題の受け止め方や感情の処理の仕方などを学び、実践していきます。

ひととおり経験すれば、あとは自分でもできるようになります。次に困難に陥ったときは、自分で乗り越えることができるようになっているでしょう。

ちょっとしたケアなら自分でもできるでしょうし、大事に至る前に予防的なケアもできるようになります。結局はお得になるのです。

4　よいカウンセラーにかかるコツ

よいカウンセラーは、どうやって探せばいいのでしょうか。

実はカウンセラーを名乗るのに、日本では認可も資格も必要ありません。医師なら医師免許がなければ開業できませんが、カウンセラーは何の資格もなく開業することができます。ですから玉石混交の感は否めません。あなたが診てもらおうとするカウンセラーがよいカウンセラーかどうか、見極める必要があります。なかなか難しいことですが、ある程度、見分けるコツがありますのでご紹介しましょう。

有資格者かどうかをチェックする

まず、着目していただきたいのは有資格者かどうかです。国家資格では、「公認心理師」があります。民間資格では、臨床心理士、産業カウンセラー、ＥＡＰメンタルヘルスカウンセラーなどがあります。

カウンセリングに関する資格

公認心理師	国家資格	保健医療、福祉、教育その他の分野において、支援を要する人に対し、心理状態の観察、分析、相談および助言、指導、援助等を行う。心理職として国内唯一の国家資格。
臨床心理士	民間資格	公益財団法人日本臨床心理士認定協会が認定する民間資格。臨床心理学に基づく知識や技術を用いてカウンセリングや心のケアを行う。
産業カウンセラー	民間資格	一般社団法人日本産業カウンセラー協会が認定する民間資格。労働者が職場で抱える悩みをカウンセリングし心のケアをする。
EAP メンタルヘルスカウンセラー	民間資格	特定非営利活動法人 EPA メンタルヘルスカウンセリング協会（EMCA）が認定する民間資格。従業員を対象としてメンタルヘルスケアを行う。
SNS カウンセラー	民間資格	一般社団法人全国 SNS カウンセリング協議会認定の資格。SNS を用いて安心安全なカウンセリングができることを証明する民間資格。

医療機関との連携をチェックする

次のチェックポイントは、医療機関と連携しているか、精神科医と連携しているかです。これは、カウンセリングルームのホームページなどで確認することもできます。

さらに、そのカウンセラーは過去に医療機関での勤務経験があるかなど、実績もチェックしましょう。医療機関での勤務経験が長ければ、それだけ多様なクライエントさんのカウンセリング実績が豊富な可能性があります。これも安心材料になります。

ネットの口コミはあてにならない

ネットの口コミは、まともなことを書いている人もいますが、悪いことが書かれている場合もありますね。

カウンセラーは、問題解決までのプロセスにおいてクライエントが認識を避けていることを認識するように促すことがあります（これを直面化といいます）。心の傷によるマイナスから回復するために避けて通れないプロセスです。しかしそれを「傷つけられた」と思う人がいても不思議ではありません。

ですからカウンセラーは、ネットでマイナスなことを書かれやすい存在かもしれません。

しかも人は、自分の精神状態が不安定なとき、易怒性、攻撃性が高まる傾向があります。善悪の判断も一時的に鈍っている可能性があります。さらに、ネットは匿名で投稿できますからネガティブなコメントを書きやすくなるのです。

決して悪いコメントだけを見て、判断しないでください。実際に会ってみて、フェアな判断をしてほしいと思います。

オンラインカウンセリングもあり

身近にカウンセラーがいない、カウンセリングルームがないという場合は、オンラインでカウンセリングを行っているところを利用してもいいでしょう。

しかし、やはりリアルに勝るものはありません。オンラインでは、その人のムードや波長が得にくいという差は感じます。海外旅行番組を見るのと実際に海外旅行に行って現地の空気感を体感するのとでは感動が段違いなのと同じです。

しかし、外に出る気力もないという精神状態のときにはオンラインでもやらないよりはよいでしょう。

カウンセリングでは何をするの？

まず、問診票で細かく現在の状況を聴き、それをもとに、カウンセリングを行います。

主に、あなたが何に困っているのか、今後どういう状態を目指しているのかなどを丁寧にお訊きします。その上で、あなたに合ったケアをいっしょに考えていきます。

納得がいかなければ他をあたる

治療の効果を上げるためには、カウンセラーと信頼関係を築くことがとても大事です。数回通っても、「この人とは信頼関係をつくれそうにないな」と思ったら、別のカウンセラーをあたってもいいでしょう。

ただ、その前にホームページでどういう人なのか、どういう想いでカウンセリングをやっているのかを確認できるはずですので、「自分と波長が合いそうだ」という人のところへ行くとミスマッチを回避できるかもしれません。

しかし、それでも納得いかなければ勇気を持って、他のカウンセラーにあたってください。合わない人の所に我慢して通う必要はありません。

「あなたを助けてあげる」は要注意

カウンセラーのホームページなどを見て、「あなたを助けます」といったことを書いている人がいたら利用を慎重に検討してください。

優れたカウンセラーであればあるほど、「クライエントの問題をカウンセラーが直接的に解決することはできない」ということをよく知っています。カウンセラーはあなたの問題解決のお手伝いまではできますが、その問題にどう向き合うか、対処していくのかはあなた自身であって、決してカウンセラーはあなたの代理を買って出ることはできないのです。

【第6章　まとめ】

・メンタル不調が1人で手に負えないときは病院へ行こう。
・メンタル不調は1人で抱え込むのが一番いけない。
・カウンセリングを利用しづらい主な理由は、①人に迷惑をかけたくない、②世間体が悪い、③カウンセリング料が高いから。
・カウンセリングの利点は、①早期発見、早期対応したほうが回復が早い、②早く治したほうが、費用面も結局お得。悪化して通院が長くなったり、入院することになるほうが金銭的には打撃、③カウンセラーとともに問題解決を経験し学ぶことで、今後はセルフケアができるようになる(結局お得!)。
・よいカウンセラーを探すコツは、①保有資格をチェック、②病院と連携しているかどうかをチェック、③医療機関での勤務経験の有無をチェック。
・ネットの口コミは参考にしない。
・ホームページでカウンセラーのポリシーや想いをチェック。自分と波長が合いそうな人を選ぼう。
・実際会ってみて、「違うな」と思ったら勇気を持って他のカウンセラーを探そう。
・「あなたを助けてあげる」というカウンセラーには注意しよう。
・カウンセラーはあなたの問題解決のお手伝いはするが、あなたを助けることはできない。

第7章　生きづらさと向き合う

トラウマを克服した人たちの事例を紹介します。クライエントさんのプライバシーの保護のため、設定や状況は実際とは変えています。

1　人は必ず立ち直れる

どんなに深い傷を負っても少しずつ前を向き始める人たち

私は、東日本大震災をきっかけに、被災地で心に深い傷を抱えた人たちを支援するためにボランティアとして被災地に出向くようになりました。

厳しい現実ですが、日本は災害大国です。東日本大震災だけでなく、熊本地震、西日本豪雨災害、能登半島地震と、毎年のようにどこかで災害があります。私は時間を見つけては被災地を訪れ、心のケアを行っています。今も宮城県石巻市には通い続けています。

被災地の様子は、とても一言で表せるものではありません。家を失い、職場も仕事も失い、昨日まで通っていた学校もなくなり、友達や家族も亡くした人たちにたくさん出会いました。

多くの人は茫然としていて何をする気力もなく、気持ちを切り替えて復興に向かおうと思える日など永遠に訪れないかに思われますが、皆、少しずつ変わっていきます。どん底の状態から少しずつ少しずつ、プラスの状態を取り戻していきます。

そこに到達するまでにかかる年数に個人差はありますが、いつまでも落ち込んでいる人ばかりではありません。

それこそ、竹のようにしなるメンタルタフネスを誰もが持っているのだなと思わされる瞬間に、私は何度も立ち会ってきました。

2　暗闇を恐れていた青年

あまりのショックのため記憶がフリーズ

宮城県で、小学校４年生のときに東日本大震災を被災した男性がいます。彼が被災したのはちょうど終業式の日でした。いつもより早く下校し、自宅のマンションに帰ろうと、エレベーターに乗ったときにあの地震が起こったのです。エレベーターが止まり、電気も消えて真っ暗な中、彼はたった１人エレベーター内に取り残されました。その後、彼は救出されるのですが、まだ幼い子どもにとって真っ暗な中で１人過ごしたことは、強烈な恐怖体験だったことでしょう。

大人になった彼は、そのできごとをすっかり忘れていました。なぜ思い出したのでしょうか。その経緯をたどると、トラウマの不思議さを思わずにはいられません。

彼は被災後、中学、高校、大学へと順調に進学し、東京で就職して会社の独身寮で１人暮らしをしていました。彼は子どもの頃からの習慣でいつも電気をつけたまま寝ていました。ある夜、停電が起こりました。彼はパニックになり、そこからメンタルに不調をきたしてついには会社を休職せざるをえなくなりました。それで私のところにカウンセリングに来るようになったのです。

彼はＴＦＴ療法で不安やパニックを改善し、会社に復帰できるところまで回復しました。これでめでたしめでたしと思っていたら、彼が後日突然訪ねてきて、「急に思い出したことがあるんです」と、あの終業式の日のことを語り始めたのです。

それまで彼は震災のことを一切覚えていなかったのですが、突然ぱかっと蓋が開いたかのように、記憶がよみがえってきたというのです。

おそらく彼は、あまりのショックのために、危機回避の３Ｆ、闘う（Fight）、逃げる（Flight）、固まる（Freeze）のうちの「固まる」の状態、記憶がフリーズしていたのでしょう。

これで謎が解けました。なぜ彼が電気をつけたまま寝るのか、停電でパニックになったのか。

トラウマは、しばしば本人も気づかないところで、あなたの行動のじゃまをしていることがあります。それを見つけるお手伝いをするのがトラウマカウンセラーなのです。

3　さまざまな不調は性的虐待によるトラウマが原因だった

ＴＦＴ療法で徐々に回復

ある女性は、身体の痛み、だるさ、気持ちの落ち込みなど、原因不明の不調に悩まされていました。病院に行っても原因はわからず、「ストレスのせいだろう」とさじを投げられて私のところに来られました。

この方も、ＴＦＴ療法で徐々に回復していったのですが、「こんな話、誰にも相談できないのですが、聞いてくれますか」と、小学校から中学校の頃まで母親の再婚相手から性的虐待を受けていたことを話してくれました。

彼女は学生寮のある高校に進学して家を出ることにより、虐待から逃れることができました。「さまざまな不調は、そのことがトラウマだったからだと思う」と彼女は自分なりに分析していましたが、正直言って私にも真因は判断できません。

ただ、「頭では『しっかりしなければ』と思うのに、どうしても身体が動かない」と言っていたその女性は、ＴＦＴ療法を続けるうちに、少しずつ笑顔を取り戻していきました。

過去の傷つき体験が消えたわけではありませんが、明らかに彼女の状態はよくなり、次のステップを歩み始めることができたのです。

4　いじめ経験から人間不信に

怒りを吐き出して自分の居場所を見つける

子どものときに、学校でいじめにあっていたという男性がいました。学校の先生も助けてくれず家族にも相談できず、１人でいじめに耐えるしかなかったそうです。

そのせいで、人間関係の構築がうまくできず、社会人になっても会社の中で孤立していました。彼の心の中にあるのは、孤独の悲しみと、いじめた相手に対する並々ならぬ怒りでした。

彼の恨みつらみを聴きながら、TFT療法の怒りをしずめるタッピングを続けました。さんざん怒りを吐き出してすっきりしたのか、TFT療法が奏効したのか、この男性は、ネットで同じ趣味のサロンを見つけ、その中で気の合った人もでき、ようやく自分の居場所を見つけることができました。今は仲間といっしょに推し活を楽しんでいます。

5　横断歩道を渡れなくなった少年

TFT療法の指導で学校に行けるようになった

「子どもが、横断歩道を渡れなくなった」と連絡してきたのは、1人の母親でした。友達といっしょに下校中だったお子さんが信号のない横断歩道を渡ろうとしたときのこと、いきなり車が暴走してきて、友達をはねたのだそうです。

目の前で友達が跳ね飛ばされるのを見たお子さんは、その日以来その横断歩道を渡ることができなくなりました。行こうとしてもどうしても足がすくんでしまうのです。

「このままでは学校に行けない。なんとかしてほしい」と母親からの依頼で、この母親にTFT療法を指導して、ご家庭でお子さんといっしょにやってもらうことにしました。

お母さんは熱心にやり方を覚えて自宅でお子さんに指導をしてくれました。その結果、このお子さんは無事、学校に行けるようになったそうです。

6　ＴＦＴ療法で、自殺願望を克服し仕事に復帰

リアリティショックでパニックになった新入社員

私は現在、ＥＡＰ（Employee Assistance Program：従業員支援プログラム）カウンセラーとして企業の従業員のサポートをしていますが、昔ある企業で人事職に就いていたころの話です。満員電車に揺られて会社に向かっているときに、ある新入社員から電話がかかってきました。

「もう仕事をやめて死にたい」、そういう彼は電話口で泣いていました。

事情を聞くと、奥さんと喧嘩をして何もかも嫌になったと言うのです。

私はあわてて会社に向かい、屋上でまさに飛び降りようとする彼に事情を聞きました。

彼は大学在学中に子どもができ、卒業間際に奥さんと学生結婚をしていました。そしてすぐに就職し社会人生活が始まりました。新入社員研修も終え、本配属が決まっていよいよ本格的に業務が始まるというタイミングでした。

卒業、結婚、子どもの誕生、新社会人生活と、まるでジェットコースターのように目まぐるしい変化を経験し、一杯一杯になっているところで、奥さんと些細なことから喧嘩になり、張り詰めて

いた気持ちがぷつんと切れたのでしょう。

これは、リアリティショックといわれるもので、新しい環境に身を置いたときに起こりやすいといわれています。

思い描いていた仕事と違った、子育てが思った以上に大変だった、自分はもっとできると思っていたのに実際はうまくいかなかったなど、厳しい現実に直面してストレスを感じてしまう。

しかも彼の場合は、一度に色々なことが起こりすぎてパニックになっていたのです。

ひととおり事情を話して少し落ち着いたところで、TFT療法を試しました。数日の後に彼は出社できるようになりました。

7　トラウマはプラスの経験になることもある

壮絶ないじめの体験

最後に私の経験談も思い切って披露させてください。

私は小学校1年生のころ、激しいいじめを受けていました。いじめというよりリンチに近かったかもしれません。

いじめの理由は簡単です。まず、小学校入学直前に引越してきて知り合いが1人もいなかったこと、2月生まれで同年代の子どもたちより発育が遅く、身体が小さくいかにもひ弱そうだったこと、学年で1人だけメガネをかけていたこと（昭和の時代に小学生の眼鏡着用はまだめずらしかった）、勉強も運動もできなくてどんくさかったこと、根暗で気弱だった私は周囲から浮いた存在だったことなどなど。

これだけそろえば子どもの世界ではいじめられないほうが不思議かもしれません。

自殺も考えたほどの苦しみを自分で解決した

いじめられて泣いて家に帰っても、母親はなぐさめてくれるどころか「やられたらやり返せ」と言って、私を無理に学校に行かせようとしました。

というと母が冷血人間のようですが、実は母は「心配だけど見守っていよう。自分もつらいけど子どもに自分でやり遂げさせよう」と思いを決め、担任の先生とも相談して密かに学校に来ては少し離れたところから私を見守ってくれていたそうです。何年も後になってそれを知りました。

が、そんなことなど知らない私は1人、いろいろなことを考えました。

最初に思いついたのは、死んだら楽になるということでした。

でも、そんなことをしたら両親は悲しむだろうし、このまま死んでもいじめっ子は私のことを忘れるだろう。これだけやられて、忘れ去られるなんて理不尽だ。

では先生に言いつけるか？　そうするとよけい陰でいじめられるのではないか…など、子どもなりに葛藤したものです。

ところが2年生の夏休みが明けて、長かったいじめがうそのように終わりを遂げました。何があったのか。

私は担任の先生に自分がいじめられていることを告白し、その後、学級会が開かれました。2年生の1学期の終業式の日だったと思います。

どんな内容だったか、そこは全く記憶が抜け落ちているのですが、その後、夏休みを経て2学期が始まったときには、うそのようにいじめはなくなっていたのです。

このいじめ体験は私にとって、最初の強烈なトラウマ体験でした。

しかしこの経験から、私は「(人の責任にしないで)自分で解決する」ということを学びました。いじめは傷つき体験ですし、決してしてはならないことですが(その後、20代の半ばまでトラウマが後を引きました)、今となっては、長い人生の中で見れば、間違いなくプラスの影響をもたらしたと思います。

【第7章 まとめ】

- 人は誰でも竹のようにしなるメンタルタフネスを持っている。
- どんなに深い傷を負っても必ず立ち直れる。
- 強烈なトラウマでも、それに向き合い自力で解決することで、プラスの経験になることもある。

第8章　取り戻したチカラを維持していくために

この章では、トラウマケアやカウンセリングで改善したメンタルの状態を維持していくためのメンタルメンテナンスの方法を紹介します。

1　メンタルゲージ・マネジメント

心も時々掃除をしなければ汚部屋になる

カウンセリングやＴＦＴ療法で問題が解決して、一度すっきりしても、また次の問題が出てくることは少なくありません。それを放っておくと、再び抑うつ状態に陥ってしまう可能性があります。

一度、大掃除して部屋をきれいにしても、しばらくするとまた不要なものやごみがたまって、汚部屋になっていくのと同じです。

心も時々掃除をして、いつもよい状態を保つようにしましょう。

メンタルゲージでストレスを管理する

次頁の図を見てください。これは、私が「メンタルゲージ」と名づけているもので、あなたの心の中を占めている感情が、マイナスとプラスのどちらが多いかを示すものです。

マイナスとは仕事のストレス、疲れ、心の傷つき、不安、緊張、劣等感、自信のなさ、マイナス思考などです。プラスは言うまでもないですね。

ゲージの容量は決まっていますから、マイナスが増えるとプラスは減っていきます。マイナスがたまりにたまると、プラスはわずかです。そのわずかなプラスの範囲で仕事をしたり、プライベー

メンタルゲージマネジメント

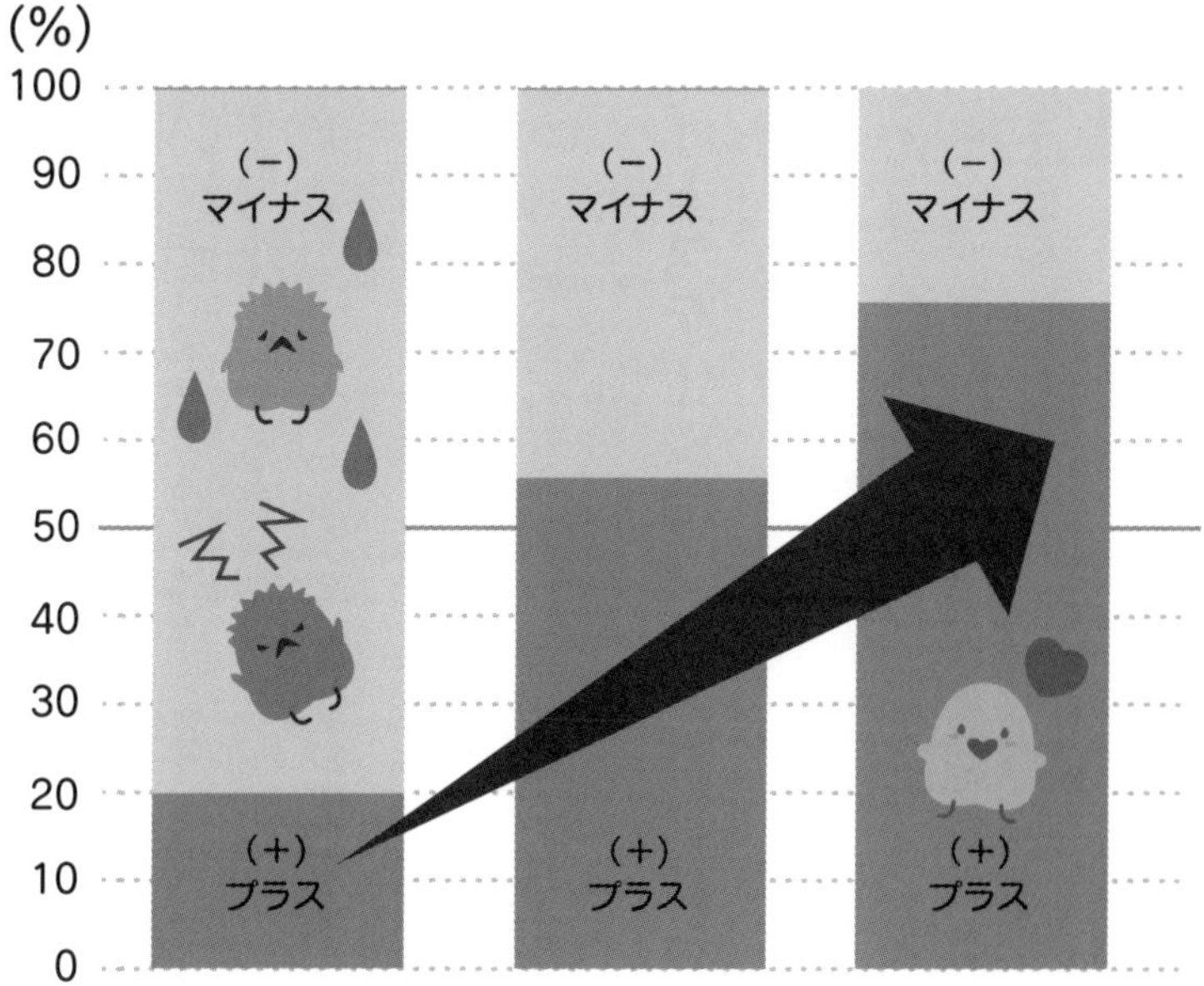

マイナスを減らしてプラスを増やしたい

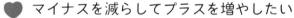

トな活動をしたりしなければいけないからしんどいのです。

マイナスが減って相対的にプラスが増えていくと、少しずつ生きやすくなっていきます。

ストレスは、たまっていくとそれが当たり前の状態になり、だんだん潜在化していきます。すると、かなり重症化するまで気づかないことがあります。

そのようなことにならないように、メンタルゲージを頭の中で意識して、「今、自分のメンタルはプラスかマイナスか」を時々チェックしましょう。そして、「マイナスが増えているな」と感じたら、第5章で紹介したセルフケアを実践して、プラスを増やしていきましょう。

ストレスに振り回されるのではなく、自分でストレスをコントロールしていきましょう。

2　こころのエイドステーション

あなたにとって補給とは何ですか

人生100年時代といわれるように、人生は長いです。

短距離走ではなく長距離走ですから、一気に駆け抜けることはできません。時々立ち止まって休憩したり、補給をしたりする必要があります。

マラソンでも、一定距離ごとにエイドステーションがあり、水や食料を補給できるようになっていますよね。あれと同じです。

何も飲まず食わずで完走することはできないのです。

あなたにとって、補給とは何ですか？　水だけですか？　軽食やお菓子も必要ですよね。高速道路のサービスエリアでも、トイレ休憩だけの小さなサービスエリア、食事ができたり、シャワー室や仮眠室があるサービスエリア、遊園地があるところもありますよね。

実生活で言えば、お茶の時間程度の小休憩や、週末の休み、夏や冬のちょっと長めのバケーションでしょうか。

私の場合は、コーヒーが大好きなので、1日4、5回の仕事の合間のコーヒータイムは私にとっての貴重な補給タイムです。土日は休めないことも多いのですが、年に1回はご褒美として必ず海外旅行に行くようにしています。

それは私にとっての〝心の洗濯・大掃除〟です。たまりにたまったストレスを洗い流して、また新しい気持ちで仕事に向かうようにしています。

休んだ分、生産性が落ちるかというとそんなことはなく、むしろ、気持ちがリフレッシュされていい仕事ができるように思います。「お金がかかるのでは？」と思われるかもしれませんが、エイドなしで走り続けて心や身体を壊して働けなくなることを考えれば、結局安くつくのです。

このように、毎日でもできるミニ補給から、年1回のオーバーホールのようなメンテナンスなど、大小やさまざまな種類のこころのエイドステーション（補給）を持つようにすることも、セルフコーピングでは大切なことです。

3　メンタルヘルス・ワクチンを備える

メンタル不調を予防し重症化を防ぐ

ワクチンとは、感染症を予防するための薬です。新型コロナウイルス感染症の蔓延によって、嫌ほど聞いた言葉ですから説明するまでもないでしょう。

なぜワクチンが重要か。それは、感染症にかかりにくくなるからであり、かかっても重症化が防げるから。そして周りにうつすのを防げるからです。

これは、メンタルヘルスにもいえることです。メンタルヘルス・ワクチンを備えておけば、メンタル不調にかかりにくくなり、かかったとしても重症化をしなくてすみます。

もちろん、そんなワクチンはありません。あくまでも比喩です。

メンタル不調になる前に、あらかじめ対処方法（コーピング）を用意しておくことがメンタルヘルス・ワクチンを備えるということなのです。それが、メンタルタフネスにつながります。

たとえばどんなことがメンタルヘルス・ワクチンになるでしょうか。

イメージトレーニングでダメージを最小限に

1つには、「自身に起こりうる事態を予測して心構えをする」です。

たとえば、苦手な上司にこんなことを言われた場合はどうすればいいか、急な仕事を振られた場合はどう対処すればいいかなど、いろいろな事態を想定してイメージトレーニングをしておくと、実際にそれが起こったときのダメージが抑えられます。

予想外のできごとへのショック・インパクトは大きいものです。しかし、予想どおりのできごとなら、「ハイハイ、そうきましたか」と、余裕で対処できるはずです。

どんなストレス反応が起こるか知っておく

もう1つは、「自身に起こりうるストレス反応への心構え」です。

ストレス反応とは、ストレスによって起こる、身体や心の反応のことです。

たとえば、身体の痛み、めまい、食欲がなくなる(逆に過食になる)、眠れない、気力の低下などです。

そういうことが起こるのだと知っておくと、いざストレス反応が起こっても「そうくると思ってました」と軽く受け流すことができ、ストレスに振り回されにくくなります。

そして、そのような反応が起こったら、軽度のうちに、第5章で紹介したセルフケアの方法を使って回復させましょう。

多くのストレス反応は、一過性のもので、しばらくすれば回復します。

それらのストレス反応が2週間経っても回復しない場合は、1人で抱えるのは困難ですので、カウンセラーに相談しましょう。

起こりうるストレス反応

イライラ

意欲の低下

体調が悪い
（腹痛・頭痛・だるさなど）

食欲がない

眠れない

【第8章　まとめ】

- メンタル不調は、一度解決してもメンテナンスをしなければまたもとに戻る可能性がある。
- ストレスに振り回されるのではなく、ストレスをコントロールしよう。
- ストレスコントロールには、①メンタルゲージ、②こころのエイドステーション、③メンタルワクチンを備えよう。
- メンタルゲージを頭の中に持って、今の自分はプラスかマイナスかを常に意識しよう。
- マイナスが増えているなと思ったら、第５章で学んだセルフケアを実践してプラスを増やしていこう。
- 落ち込む前に、自分なりのこころのエイドステーション（こころの補給場所）を用意しておこう。
- 日々の小休憩、週末の休み、夏・冬の長めのバケーションというように、数種類のエイドステーションを持とう。
- メンタル不調を予測して先手を打とう（メンタルワクチンの備え）。
- 起こりうる嫌な事態を予測してイメージトレーニングしておくとダメージが少なくてすむ。
- 起こりうるストレス反応を知っておき、ストレス反応が起こったら早め早めに対応すればストレスに振り回されない。
- いろいろ手を打ってもダメならカウンセラーに相談しよう。

第9章　人が生きやすい組織をつくりたい

この章では、私がこれからやりたいことをお話しします。

1　労働力不足対策は待ったなし

人手不足が産業に与える影響

今日本が、深刻な労働力不足に陥っていることはみなさんもご存知でしょう。生産年齢人口は1995年のピーク時から約1400万人減少しています。つまり、東京都の人口分がまるまる消えているのと同じくらい減っているのです。

私はかつて企業の人事部で働いていたので、20年も前から労働力不足に対する危機感を持っていました。その当時からすでに、一部の専門職では人手不足が起こっていたからです。

それが今ではあらゆる分野のあらゆる職種に広がっています。

物流業界では2024年問題がいわれる以前からトラックの運転手不足が問題になっていましたし、バスやタクシーの運転手も不足していて、廃業するところも出ていました。医療現場では医師の不足によって医療崩壊が起こりつつあります。

あなたの職場も例外ではない

みなさんの職場にもじわじわとその影響が及んでいるはずです。

するとどうなるでしょうか。1つの部署で人員が1人減ると、残った人たちがその人の仕事を分担しなければなりません。ＤＸやＡＩで効率化を図っても、完全に人材不足を補えるとは限りません。その結果、やがて長時間労働になり、仕事のストレスでメンタル不調に陥りやめていく人が出てくるでしょう。するとまた残された人の負担が増えます。完全に負の連鎖です。

しかし、人口減少が解決しない限り改善の見込みはありません。

政府も少子化対策を講じていますが、２０２３年の特殊出生率は1・２０と過去最低を記録しました。仮に出生率が上昇しても、子どもが成長して社会に出るまでには20年はかかりますから、生産年齢人口増加に転じるまでには何年もかかります。

だとすれば、私たちにできるのは、これ以上メンタル不調が原因で退職する人を増やさないことです。そして、みなさん1人ひとりがセルフケアの方法を知り、ストレスをコントロールしていくことです。

自分のストレス状況を知ろう

ストレスコントロールをするためには、まずは自分の状態を知ることが不可欠です。

みなさんは、自分が今、ストレスを感じているという自覚はありますか？

もしよくわからなかったら、簡単に診断できるチェックシートがあります。

１５４頁～１５６頁のチェックシートは、厚生労働省が公表している「労働者の疲労蓄積度自己診断チェックリスト（２０２３年改正版）」です。

疲労蓄積度自己診断チェックリスト

実施日　　年　月　日

1．最近1か月間の自覚症状

各質問に対し、最も当てはまる項目の□に✓をつけてください。

1．イライラする	□ほとんどない（0）	□時々ある（1）	□よくある（3）
2．不安だ	□ほとんどない（0）	□時々ある（1）	□よくある（3）
3．落ち着かない	□ほとんどない（0）	□時々ある（1）	□よくある（3）
4．ゆううつだ	□ほとんどない（0）	□時々ある（1）	□よくある（3）
5．よく眠れない	□ほとんどない（0）	□時々ある（1）	□よくある（3）
6．体の調子が悪い	□ほとんどない（0）	□時々ある（1）	□よくある（3）
7．物事に集中できない	□ほとんどない（0）	□時々ある（1）	□よくある（3）
8．することに間違いが多い	□ほとんどない（0）	□時々ある（1）	□よくある（3）
9．仕事中、強い眠気に襲われる	□ほとんどない（0）	□時々ある（1）	□よくある（3）
10．やる気が出ない	□ほとんどない（0）	□時々ある（1）	□よくある（3）
11．へとへと（★1）だ（運動後を除く）	□ほとんどない（0）	□時々ある（1）	□よくある（3）
12．朝、起きた時、ぐったりした疲れを感じる	□ほとんどない（0）	□時々ある（1）	□よくある（3）
13．以前と比べて、疲れやすい	□ほとんどない（0）	□時々ある（1）	□よくある（3）
14．食欲がないと感じる	□ほとんどない（0）	□時々ある（1）	□よくある（3）

★1　へとへと：非常に疲れて体に力がなくなったさま

自覚症状の評価

チェックした項目の（　）内の数字をすべて足してください。　合計　　　点

評価　0～2点の人→（Ⅰ）3～7点の人→（Ⅱ）8～14点の人→（Ⅲ）15点以上の人→（Ⅳ）

2. 最近１か月間の勤務の状況

各質問に対し、最も当てはまる項目の□に✓をつけてください。

1. １か月の労働時間（時間外・休日労働時間を含む）	□適当 (0)	□多い (1)	□非常に多い (3)
2. 不規則な勤務（予定の変更、突然の仕事）	□少ない (0)	□多い (1)	—
3. 出張に伴う負担（頻度・拘束時間・時差など）	□ない or 小さい (0)	□大きい (1)	—
4. 深夜勤務に伴う負担 (★2)	□ない or 小さい (0)	□大きい (1)	□非常に大きい (3)
5. 休憩・仮眠の時間及び施設	□適切	□不適切 (1)	—
6. 仕事についての身体的負担 (★3)	□小さい (0)	□大きい (1)	□非常に大きい (3)
7. 仕事についての精神的負担	□小さい (0)	□大きい (1)	□非常に大きい (3)
8. 職場・顧客等の人間関係による負担	□小さい (0)	□大きい (1)	□非常に大きい (3)
9. 時間内に処理しきれない仕事	□少ない (0)	□多い (1)	□非常に多い (3)
10. 自分のペースでできない仕事	□少ない (0)	□多い (1)	□非常に多い (3)
11. 勤務時間外でも仕事のことが気にかかって仕方ない	□ほとんどない (0)	□時々ある (1)	□よくある (3)
12. 勤務日の睡眠時間	□十分 (0)	□やや不足 (1)	□不足 (3)
13. 終業時刻から次の始業時刻の間にある休息時間 (★4)	□十分 (0)	□やや不足 (1)	□不足 (3)

★2：深夜勤務の頻度や時間数から総合的に判断してください。
深夜勤務は、深夜時間帯（午後10時～午前5時）の一部または全部を含む勤務をいいます。
★3：肉体的作業や寒冷・暑熱作業などの身体的な面での負担をいいます。
★4：これを勤務間インターバルといいます。

勤務状況の評価

チェックした項目の（　）内の数字をすべて足してください。　合計　　　点

評価　0点の人→(A)　1～5点の人→(B)　6～11点の人→(C)　12点以上の人→(D)

3. 総合判定

次の表を用い、自覚症状、勤務の状況の評価から、あなたの疲労蓄積度の点数（0～7）を求めてください。

疲労蓄積度点数表

		勤務の状況			
		A	B	C	D
自覚症状	I	0	0	2	4
	II	0	1	3	5
	III	0	2	4	6
	IV	1	3	5	7

※糖尿病、高血圧症等の疾患がある方の場合は判定が正しく行われない可能性があります。

あなたの疲労度の点数　　　　点
（0～7点）

	点数	疲労蓄積度
判定	0～1	低いと考えられる
	2～3	やや高いと考えられる
	4～5	高いと考えられる
	6～7	非常に高いと考えられる

4. 疲労蓄積予防のための対策

あなたの疲労蓄積度はいかがでしたか？

本チェックリストでは、健康障害防止の視点から、これまでの医学研究の結果などに基づいて、疲労蓄積度が判定できます。疲労蓄積度の点数が2～7の人は、疲労が蓄積されている可能性があり、チェックリストの2に掲載されている“勤務の状況”の項目（点数が1または3である項目）の改善が必要です。個人の裁量で改善可能な項目については、自分でそれらの項目の改善を行ってください。

個人の裁量で改善不可能な項目については、勤務の状況を改善するよう上司や産業医等に相談してください。

なお、仕事以外のライフスタイルに原因があって自覚症状が多い場合も見受けられますので、睡眠や休養などを見直すことも大切なことです。疲労を蓄積させないためには、負担を減らし、一方で睡眠・休養をしっかり取る必要があります。労働時間の短縮は、仕事による負担を減らすと同時に、睡眠・休養が取りやすくなることから、効果的な疲労蓄積の予防法の1つと考えられています。あなたの時間外・休日労働時間が月45時間を超えていれば、是非、労働時間の短縮を検討してください。

健康障害防止の視点から、これまでの医学研究の結果などに基づいて、疲労蓄積度が判定できます。ご自身の今の疲労度をセルフチェックしてみてください。

２　職場ストレスを改善するには

昭和の人はなぜ24時間戦えたのか

１９８０年代の終わりに、ある栄養ドリンクのＣＭの「24時間戦えますか」というキャッチコピーが流行ったのをご存じでしょうか。当時は企業戦士という言葉もよく聞かれました。あの頃は、長時間労働は美徳、体調が悪くても「這ってでも会社に来い」というのが当たり前でした。

今そんなことを言ったらパワハラです。不適切にもほどがあります（まだそういう会社が皆無とは言えませんが）。

しかし、なぜ、昭和の人たちはあのような働き方ができていたのでしょうか。

これは「ＤＣＳモデル」で説明できます（１５８頁の図を参照）。

要求・裁量・支援のバランスがポイント

ＤＣＳモデルは「職業性ストレスモデル」とも呼ばれています。

ＤＣＳとはデマンド（Demand：要求）、コントロール（Control：裁量権）、サポート（Support：

DCSモデル

①
裁量○
要求○
負担は大きいが裁量も
大きく活性化している。
②
裁量○
要求×
裁量が大きく
負担が少ない。
③
裁量×
要求○
コントロールできない
部分が多い。
負担が大きい。
④
裁量×
要求×
裁量がなく、負担が小さい。
成長機会がとぼしい。
コントロール（裁量）
仕事の質と量（要求）
弱
ストレス
強

支援）の略で、これらは心身の健康度やストレスに大きく関係しています。

158頁の図はD、Cとストレス反応の大きさを図式化したものです。

図に示すとおり、

①D（要求）高い―C（裁量権）高い
②D（要求）低い―C（裁量権）高い
③D（要求）高い―C（裁量権）低い
④D（要求）低い―C（裁量権）低い

という4つのパターンができます。

ストレスが最も強いのは③で、要求は高いのに裁量権は低い場合です。厳しいノルマが課せられていたり、監視が厳しくて自由が制限されるような職場です。

ストレスが最も低いのは②で、要求は低くて裁量権が高い場合です。

①は、要求は高いですが、裁量権も高いのでやらされ感がなく、ストレスは低くなりやる気が増します。

④は、要求は低いですが、裁量権も低い。要求が低い分、ストレスは小さいかもしれませんが、期待されていない、成長する機会がないといった不満が生まれがちです。

26頁でも述べましたが、適度なストレスはあったほうがいいのです。

みなさんの職場はいかがでしょうか。

企業戦士たちが24時間戦えた理由

さて、「24時間戦えますか？」を地でいっていた企業戦士たちは、どのパターンで働いていたのでしょうか。

おそらく、要求も高いけれど、裁量権も高い①の人たちだったのではないかと思います。時はバブルですから、会社の経費で食事をしたり、残業で終電を逃しても会社のタクシーチケットで帰っていたような人たちです。

忙しいなりに充実していたし、自由に使えるお金（経費）もあり、プライベートもイケイケで充実していたからストレスでつぶれることもなかったのでしょう。

サポートがあればストレスは軽減される

それはさておき、ＤＣＳモデルのＳ（支援）は、どう関係してくるのでしょうか。

Ｓとは、職場の上司、同僚、後輩など周囲のサポートです。

たとえ③（要求が高く裁量権が低い）のようにストレスが強い環境であっても、周囲のサポートがあれば、人は回復し耐えられるのです。

単に仕事の愚痴を言い合えるといったサポートではなく、たとえば、誰かが休んでも他の人が肩代わりできるしくみをつくる、社内にメンターやカウンセラーを配置するなど、持続可能なしくみを組織として考える必要があります。

会社からの要求（D）は、そもそもは顧客の要望に応えるためでもありますから、そう簡単に下げることはできないかもしれませんが、裁量権を上げる、サポートができる体制をつくるなどは社内でできることです。職場のストレスを軽減するためには、S、C、から手をつけていくのが王道なのです。

プロジェクトXを観て感動していていいのか

最近、NHKでプロジェクトXの新シリーズ（「新プロジェクトX～挑戦者たち～」が始まりました。

プロジェクトXは、2000年から2005年まで放映されたドキュメンタリー番組で、日本の高度経済成長を支えた企業人たちの感動秘話が大変好評となりました。

新プロジェクトXは待望の第2弾で、私の周囲にもあの番組を好きな人は多いのですが、私は少し複雑な気持ちになります。

みなさんももうお気づきかと思いますが、プロジェクトXで描かれているエピソードの多くはブラックな働き方や滅私奉公で働く男たちの物語です。

もちろん、彼らの偉業にケチをつけるつもりは毛頭ありませんし、彼らは「日本の戦後復興やさらなる未来への発展のために貢献している」という自負と誇りを持って働いていたはずです。

そして、少しでも早く先進国に追いつけ追い越せだったあの時代にはあのような働き方が必要だったのでしょう。

しかし、今の時代にもしあれと同じことをやれと言われてもできないのではないでしょうか。

人は会社のためには死ねません。

仕事のためだけには生きられません。

仕事もプライベートも楽しく充実してこその人生ではないでしょうか。

私もかつては企業戦士だった

とはいえ私も、かつては仕事のために身を粉にして働いた時代があります。

私は大学生の頃、大学にも行かずにPR会社でアルバイトをしていました。

仕事は企業のプロモーション・イベントの企画や、それに伴うキャンペーンタレントのマネージメントなどでした。

時代はバブル崩壊前夜の頃であり、それこそ24時間働くいきおいで睡眠をけずって連日終電帰宅が常態化していました。

そのためD（要求）は高かったのですが、誰でも知っている有名な企業や商品のプロモーションの仕事は華やかで、大学生には不相応な高給を稼ぐこともできて私はやりがいを感じていました。

ほぼアルバイト漬けといっていいほどはまっていました。

ある日、出勤すると社長から「午後からD社（大手広告代理店）にプレゼンにいくぞ！　今すぐ企画書をつくれ」と指示されました。

「え!?　今から?　聞いてないんですけど!　あと3時間しかないのにゼロからつくるの?　しかもアルバイトの私が？」と頭の中は大パニック。でも社長に逆らうわけにもいかず、直属の上司に相談しました。

何か助け船とかねぎらいの言葉とかくれるのかと思ったら、その上司（肩パッドがビッグで前髪をつくったカッコいいキャリアウーマン。懐かしいｗ）は、満面の笑みで、「どうにかして」と一言。明快な（笑）ゴール設定だけもらいました。

彼女からはその後も何度となく「どうにかして」のフレーズを聞くことになるのですが、今思えば、「どうにかして」は、「どうにでもしていいから（あなたに任せる）」とも取れるわけで、裁量権（C）は私の手の内にあったのです。

だから私は自由にやらせてもらいました。いちいち細かな指図をされるような環境でなくて本当によかったと思います。

そんな環境にいたら、Dばっかり高くて私は心を病んでいたでしょう。

また、その上司は、「どうにかして」と丸投げすると同時に「責任は取るから」とも言ってくれました。そうです。ちゃんとS（支援）も提供してくれたのです。

「責任を取ってくれる」という安心感（上司のセーフティネット）の中で、「でも本当に上司に責任を取らせるわけにはいかない」という責任感も感じ、私は必死に食らいついて仕事を納めていました。そのために超長時間労働にもなっていました。でも、当時はどこの職場もこんなもんでした（いえ、その時代でもホワイト企業はあったはずですが…）。

私の職業人としての原体験はこのようなトラウマティックなものでしたが、そのおかげで仕事の筋力はついたと思います。

つまり、トラウマ体験もすべてが悪というわけではなく、その経験を経て成長する（グロース）こともあるのです。

3　安心して長く働ける組織をつくりたい

働きやすい職場にする

私はＥＡＰカウンセラーとして、従業員１人ひとりのメンタルヘルスをサポートしてきましたが、これからやりたいのは職場の組織改善です。働いている人たちが安心して長く働ける環境づくりを経営者とともにやっていきたいのです。

できれば、従業員もまきこんで環境づくり、しくみづくりに取り組みたい。

やめたい人を無理矢理引き留めるのではなく、やめたい人にはやめていただいて（冷たく聞こえるかもしれませんが、やめたい人を無理に働かせるのは奴隷制度と同じだと私は思います）、ここで働きたい人たちが自律的にかかわれる場づくりです。

現在少しずつ、企業や団体組織と組んでその仕事を進めています。

職場とは、嫌々働く人ではなく、その仕事をしたくて集まった人たちの働く場所だと考えています。メンタル不調の人は無理して働かないで、ちゃんと病院に行ってケアをする。

仕事をしたくて集まった人たちには、最大限モチベーションをアップしていただく。

もしモチベーションが上がらないなら、職場で何がどう改善できるかみんなで考える。

業務の障害要因になっているものをみんなであぶり出し、取り除いて、みんなが働きやすい職場にする。

ストレスチェックは従業員50人以上の会社で義務化されていますが、その集団分析結果を部署単位で見ていると、部署ごとの心理傾向が見えてきます。何が得意で何が不得意か、何が働く人のモチベーションを下げているのかも見えてきます。

たとえば、長い会議がストレスになっていることがわかれば、会議の効率化の方法をみんなで考える。また、長時間労働は諸悪の根源ですから、長時間労働にならない方法をみんなで考える。有給休暇の消化率が低い部署は、何が有給消化の阻害要因になっているか突き止め解決策を考える。月末などある期間だけ長時間労働になることがわかれば派遣社員を雇うのも一案です。

私が理想としているのは、長時間働かずにどう効率を上げるか。だらだら働かずに短時間でいかに生産性を最大化するかです。難しいことですが、１つひとつ問題を解決し、実現していきたいと考えています。

【第９章まとめ】

・少子高齢化、生産年齢人口減少によって職場のストレスはますます高まる。
・これ以上メンタル不調が原因で退職する人を増やしてはいけない。
・ストレスコントロールをするためには、自分の状態を知ることが大事。厚生労働省の自己診断チェックリストを活用しよう。
・職場のストレスは、要求・裁量・支援のバランスで決まる。
・要求が高く、裁量権は低い場合が最もストレスが強い。
・要求が高くても裁量権が大きかったり、支援が手厚い場合はさほどストレスにならない。
・要求が低く、裁量権も低い場合はやりがいも成長もなく、逆にストレスになる。
・ストレスが強い職場は、支援と裁量権から見直すのが王道。
・人は仕事のためだけには生きられない。仕事もプライベートも大事。
・仕事のストレス経験が成長の機会になることもある。
・働いている人が安心して長く働ける環境をつくりたい。
・職場とは、その仕事をしたくて集まった人たちの働く場所。
・働きたい人が自律的にかかわれる場づくりを目指す。
・業務の阻害要因があればみんなで話し合って解決し、みんなが働きやすい職場にする。

エピローグ　明日を生きる

ここまで読んでくれてありがとうございます。

多くのメンタルケアやセラピー、カウンセリングなど、いわゆる心理本には癒し系の本が多いように思います。要するに、「あなたは悪くない。そのままでいいんだよ。かわいそうに」というような、客観的視点を排して過度に保護的な本です。

本書はそれとは対極にあります。

ですからみなさんの中には、読んでいてしばしば「厳しいなあ」「嫌だなあ」と投げ出したくなった人もいるのではないかと推察します。投げ出さずここまで読んでくださったみなさんには感謝しかありません。

欠点のある自分を受け入れて生きていく

本書は、「あなたも欠点があるけれど、そういう点も受け入れて、自分で主体的に動いてください」という本です。

前者が母性的な慈愛に満ちた本であるならば、本書は父性的でわが子を崖から突き落とす雄ライオンのような本です。

でもそれは、必ずやあなたは自分で這い上がれると信じているからです。

世の中には完全無欠の人などいません。誰でも欠点はあります。

でも、欠点があるから悪いのではなく、欠点も含めてあなたなのです。

大事なのは、完璧であることではなく、欠点を受け入れたうえでどう生きていくかです。

欠点もあるしできないこともあるけれど、よい面やできることもあるはずです。

それを忘れていませんか？

周囲が悪い、会社が悪い、社会や政治が悪いと言っていても状況は変わりません。

生きていれば嫌なことつらいことは必ずあります。嫌なことから逃げても必ずまた逃げた先で嫌なことは起こるものです。

心地よいだけで生きていけるはずがないのです。

人間関係が嫌で転職をしても、次の会社にはまた嫌な人がいるし、嫌な仕事が待っているかもしれないのです。

他人に振り回される人生と決別する

どうせ逃げられないのなら、自分で対処しようと腹をくくって、正面から向き合ったほうがよいと思いませんか？　主体的に嫌な現実と対峙していきましょうよ。

今が生きづらいと感じている人は、嫌な人、嫌な現実、嫌な環境に振り回されているから生きづらいのです。相手がどんな人であろうと、どんな環境にいようと、自分でなんとかする。

他人に振り回される人生を終わりにすると決めましょう。

自分の人生くらい、自分でコントロールできるようになりましょう。

そのための方法は、本書でたくさん紹介してきました。

これからは、自分が人生の主人公として、自分のストーリーを描いてほしい。しかも、「この先を見たい」と思うような楽しく幸せなストーリーを描いてほしいと思います。

今日を生き延びて明日を生きる

「明日を生きる」は、実は私のキャッチフレーズです。

私は独立してから「カウンセリングあすいき」というカウンセリングルームを開設し、カウンセリングを行っています。「あすいき」とは「明日を生きる」「明日に生きる」から来ています。

明日まで生き延びよう。今すぐ向上なんてしなくていい。現状維持でもいい。とにかく生き延びさえすればいい。

将来のことなんて考えられないほど傷ついて落ち込んでいる人でも、せめて今夜を生き抜き明日を迎えよう。

「明日を生きる」という言葉にはそんな思いが込められているのです。

トラウマをばねにグロースしていこう

プロローグでも述べたように、私がカウンセラーになるきっかけをあたえてくれたのは、自殺未遂をした元上司です。

死は不可逆です。一度死んだら生き返ることはありません。

日本では、年間約2万2000人が自殺で命を亡くしています。

とにかく死ぬことは避けなければと、自殺防止をしたいと思い、自殺相談員を続けています。

ベトナム戦争の米軍戦死者は20年間で5万8000人だったといわれていますが、日本の自殺数はその数字を2年ちょっとで抜いてしまいます。

銃撃されないし、機銃掃射もない、戦争をしていない平和な日本にいながら、それほど多くの人が自殺で亡くなるなんてあってはならないと思います。

世の中に、つらいこと、困難なことは山ほどあります。トラウマを抱えていない人は1人もいないと思います。だから、「この困難を自分でコントロールしてみよう」と自分を鼓舞して生きていきましょう。トラウマをばねにグロースしていきましょう。

【エピローグ　まとめ】

・大事なのは完璧であることではなく、欠点を受け入れたうえでどう生きていくか。
・嫌なことから逃げてもまた嫌なことは起こる。逃げずに向き合おう。
・他人に振り回される人生と決別し、自分で自分の人生を切り拓いていこう。
・今すぐ向上しなくてもいい。とにかく今日を生き延び明日を生きよう。
・トラウマをばねにグロースしていこう。

経営生産効率を上げる組織づくりへ

第９章でも述べたとおり、私は現在EAPコンサルタントとして、本来の意味で働きやすい職場づくりを掲げて顧客企業をサポートしています。

本書で書いてきたように、EAPカウンセリングでは他責思考から、自分で問題解決を切り拓く自律的な従業員をサポートするカウンセリングを提供しています。

民間企業２社（航空会社・総合不動産）で人事職として、人材育成や労務問題に対応する経験を積んできました。それらの経験を活かして現在は、EAPコンサルテーションサービスを提案できる法人を設立しました。

オルタナティブライフ＆ビジョン株式会社：https://alv.co.jp/
［提供サービス］
・経営幹部層コンサルテーション事業
・人事労務コンサルテーション事業
・個別面談事業（EAP従業員メンタルサポート）
・メンタルヘルス研修事業

経営幹部層の視点でのパートナーになります

従業員のメンタルヘルスは組織の競争力を左右します。弊社のEAPサービスは、ストレス管理からカウンセリングまで包括的なサポートを提供し、生産性の向上を実現します。従業員の健全さと自律性を重視する組織文化を築き、最高の成果を目指しませんか？

あとがき

ここまで書いてきたことを読み返してみて、なんだかエラソーによいこと書いているな、そんなに、〝何でも克服したスゴイ自分〟なのかな、読者のみなさんと気持ちの距離が離れていないかなと。最後にもう少し脱力して素直な気持ちであとがきに書いてみようと思います。

「トラウマの本を書いてください」と依頼を受けて、なぜ自分に？　と思いつつ、トラウマケアに役立つことを書いてきました。

「もっと笠置さんの体験も盛り込んでください」と言われて、子どもの頃のいじめの体験や、震災の体験のことも書いてみましたが、出版後に売れるかどうかわからない、どれほど私のことが注目されるのかもわからないのにもかかわらず、自分のことを世間に話すことを恥じて抵抗感を感じていました。

それこそ、トラウマのセルフスティグマがある自分に対峙したのです。

もしかして、これって巡り巡って自分のために書籍としてまとめる機会をもらったのではないか。

今日も石巻で被災地の方々のケアのために出張中で、ビジネスホテルのデスクで書いているのですけど、目の前にある鏡に映る自分の顔を見てみて、なんだかふっと表情が緩みました。

この執筆体験で自分のトラウマケアにもなったのかもしれません。

子どもの頃のいじめや、地震体験など自分が傷ついたことで、相手や世の中までも恨んでいたし、そのため、過敏になっていた私は少しのことでも攻撃的な態度を取っていたなと思い返すことができました。

それでも、周りの人たちは私に親切にしてくれたり、出会ったカウンセラーの人たちは優しい人が多いんです。そんな人たちに囲まれかかわってもらえて、今の私があるとも思います。

これを読んでくださったあなたも、そんなカウンセラーに出会ってほしいと思います。

今回、本書の執筆にあたってもさまざまにお世話になった方がいます。

第3章で紹介したＴＦＴ療法®ですが、こちらは一般社団法人日本ＴＦＴ協会の理事長である森川綾女先生に、草案を見ていただき、直接修正や情報も加えていただきました。より最新の良質な情報を読者のみなさまに届けることができました。ありがとうございます。

第4章で紹介したボディコネクトセラピーの創始者である東京未来大学教授の藤本昌樹先生にも、ボディコネクトセラピーの魅力を正しく伝えられているか草稿を確認いただきました。ありがとうございます。

そして、株式会社セルバ出版代表取締役社長の森忠順様、執筆初心者の私に出版の機会を与えていただきありがとうございました。

有限会社イー・プランニング代表取締役・出版プロデューサーの須賀柾晶様、よくぞ私を発掘いただき出版につないでいただきました。ありがとうございました。

そして、ライターの石井栄子さん！　執筆未経験の私を最後までサポートしてくださってありがとうございました。

みなさまのご協力のおかげで本書ができあがりました。

最後に、この本があなたの人生に少しでも役立ち、あなたが本来持っているチカラを取り戻す手助けとなれば幸いです。自分の人生をコントロールし、充実した日々を送るための一助となることを願っています。どうかこれからも、あなたの明日に向けて前進し続けてください。

笠置佳央

【参考文献】

・『ツボタッピング1分間セラピー ツボを叩くだけで心の傷が癒される』 森川綾女 著 マガジンハウス（2012）
・『TFT（思考場）療法入門―タッピングで不安、うつ、恐怖症を取り除く』 ロジャー・J・キャラハン 著 穂積由利子 翻訳 春秋社（2001）
・『心の傷を消す音楽CDブック 聴くだけで不安・心配・悲観がなくなる』 藤本昌樹 著 マキノ出版（2018）
・Ph.D. Bray, Robert L. (2008). Heal Traumatic Stress Now: Complete Recovery with Thought Field Theapy: No Open Wounds. California:Robertson Pub.

著者略歴

笠置　佳央（かさぎ　よしてる）

オルタナティブライフ＆ビジョン株式会社 代表取締役
EAP コンサルタント・カウンセラー
公認心理師・精神保健福祉士・産業カウンセラー
TFT 上級セラピスト＆一般講師・BCT セラピスト（Advance）

1975 年兵庫県姫路市生まれ。大学卒業後に人材サービス会社の営業職に従事していた頃、偶然にも上司の自殺未遂を救助する体験をする。その後、上司は休職を経て退職することに。この経験から、健全な働き方をするための組織づくりに関心が高まり、人事職へキャリアチェンジ。総合不動産や航空会社の人事職に従事する傍ら、EAP カウンセリングを学ぶ。2017 年から EAP カウンセリング事業を個人で開始後、2024 年にオルタナティブライフ＆ビジョン株式会社を設立して代表取締役に就任。「ながく安心して働ける職場づくり」をミッションに掲げて、民間事業者や官公庁・自治体における EAP コンサルテーションサービスが人気となり売上を伸ばす。

EAP 事業者の経験を活かし、カウンセリングスクールにて講師も務めており、これまで数百名の EAP カウンセラーや EAP コンサルタントも育成。学生時代の被災体験から、プロボノ活動として国内外の被災地にて災害ストレスケアや、支援者支援・惨事ストレスケアにも力を入れる。

オルタナティブライフ＆ビジョン株式会社　https://alv.co.jp/

生きていくチカラを取り戻そう
「生きづらさ」から解放される入り口を見つける

2024年 9 月19日　初版発行

著　者　笠置　佳央　

発行人　森　忠順

発行所　株式会社 セルバ出版
〒 113-0034
東京都文京区湯島 1 丁目 12 番 6 号 高関ビル 5 B
☎ 03（5812）1178　FAX 03（5812）1188
https://seluba.co.jp/

発　売　株式会社 三省堂書店／創英社
〒 101-0051
東京都千代田区神田神保町 1 丁目 1 番地
☎ 03（3291）2295　FAX 03（3292）7687

印刷・製本　株式会社 丸井工文社

Printed in JAPAN
ISBN978-4-86367-920-7